GUIDE DES ÉLECTEURS

—

LES 363

PAR

CAMILLE ÉTIÉVANT et EMILE DEHAU

PARIS

C. MARPON et E. FLAMMARION

LIBRAIRES

Galeries de l'Odéon, 1 à 7, et rue Rotrou, 4

MÊME MAISON
Boulevard des Italiens, 10
(*Passage de l'Opéra*, 2)

MÊME MAISON
Boulevard Saint-Martin
(*Ruche du Château-d'Eau*)

GUIDE DES ÉLECTEURS

LES 363

PAR

Camille ÉTIÉVANT et Emile DEHAU

PARIS

C. MARPON et E. FLAMMARION

LIBRAIRES

Galeries de l'Odéon, 1 à 7, et rue Rotrou, 4

MÊME MAISON	MÊME MAISON
Boulevard des Italiens, 10	**Boulevard Saint-Martin**
Passage de l'Opéra, 20	*Ruche du Château-d'Eau*

———

Les 363

Nous avons cru faire une œuvre utile en publiant, à la veille des élections générales, une biographie abrégée des **363** députés républicains qui, selon la parole autorisée de M. Grévy, « n'ont pas cessé un moment de mériter de la France et de la République », et se retrouvent aujourd'hui candidats, soutenus par toutes les forces et toutes les nuances du parti républicain.

Nous avons laissé de côté les professions de foi adressées, soit en 1871, soit en 1876, par ces anciens députés ; le programme républicain n'est-il pas en effet aujourd'hui le même pour tous et ne se résume-t-il pas dans ces trois mots de M. Feray, commentés si éloquemment par M. Gambetta, dans son dernier discours de Lille : L'ORDRE, LA LIBERTÉ, LA PAIX.

Depuis l'aventure du 16 mai, bientôt suivie de la dissolution, la mort a fait dans les rangs des **363** des vides difficiles à combler ; deux des plus méritants, M. Lefèvre, ancien député de Puget-Téniers, M. Ernest Duvergier de Hauranne, député de Sancerre, ont succombé aux suites d'une longue et douloureuse maladie ; d'autre part,

M. Rouveure, ancien député de la 2e circonscription de Tournon ; M. Carré-Kérisouet (1), ancien député de Loudéac, fatigués de la vie politique, ont renoncé à demander aux électeurs le renouvellement de leur mandat ; toutefois, comme aussi bien que leurs anciens collègues, ils ont *mérité* de la France et de la République en votant les deux ordres du jour et en signant le manifeste. Nous avons cru devoir leur laisser une place dans cette biographie.

Nous avons pensé que le principal mérite de cette œuvre modeste consistait dans l'exactitude; aussi nous sommes-nous entourés de nombreux renseignements que nous avons trouvés soit auprès des **363**, soit dans le livre si complet et si intéressant de notre confrère, M. Jules Clère.

Que, si malgré tous nos soins, quelque erreur s'était glissée dans ce travail, nous prierons les intéressés de nous la signaler afin qu'elle disparût de la biographie complète des députés que nous publierons au lendemain des élections.

Nous avons cru devoir indiquer aussi le plus exactement possible la nuance du parti républicain auquel appartiennent les **363**, qui étaient, comme chacun sait, divisés en quatre groupes : le Centre gauche, la Gauche républicaine, l'Union républicaine et l'Extrême gauche qui s'était constituée en groupe séparé dans les derniers mois de la session.

---

(1) Les électeurs de Loudéac ont fait choix de M. de Janzé pour remplacer M. Carré-Kérisouet. M. de Janzé a appartenu à l'Assemblée nationale. Il siégeait sur les bancs du centre gauche. C'était un ami de M. Thiers.

LES 363

---

5 députés. — 5 républicains.

CHALEY (Joseph-Camille) a été élu député de l'arrondissement de Belley par 12,945 voix; c'est un riche propriétaire, vice-président du conseil général et membre de la commission départementale. Après le 24 mai, il fut révoqué, par le gouvernement de combat, de ses fonctions de maire à Ceysarieu; réintégré après les élections du 20 février, il vient d'être à nouveau tout récemment révoqué par M. de Fourtou.

En 1876, M. Chaley avait pour adversaires M. Paul Cottin, député sortant et membre du centre droit, et M. Roselli-Mollet, dont les opinions républicaines étaient plus accentuées. Jusqu'ici, pour les prochaines élections, la réaction n'a pas encore trouvé de candidat à lui opposer, M. Cottin se retirant de la vie politique.

GERMAIN (Antoine-Marie-Henri), nommé député de l'arrondissement de Trévoux, le 20 février 1876, par 13,565 voix, est né à Lyon en 1824. M. Germain, gendre de M. Vuitry, président du Conseil d'Etat sous l'Empire, fut nommé en 1869 comme candidat libéral contre le candidat officiel. En 1876, M. Germain n'a pas eu de concurrent.

Membre influent du centre gauche, M. Germain a présidé avant M. de Marcère ce groupe parlementaire, et il a pris une part considérable à la discussion des lois de finances. Aux élections prochaines, M. Germain, comme en 1876, n'aura probablement pas de concurrent.

GROSGURIN (FRANÇOIS - MARCELLIN) représentait l'arrondissement de Gex; il a été élu au scrutin de ballottage, le 5 mars 1876, par 3,766 voix. M. Grosgurin est un médecin distingué; il appartient depuis longues années au conseil général. Maire de Gex avant le 24 mai, il fut révoqué par M. Beulé aussitôt après la chute de M. Thiers.

M. Grosgurin aura pour concurrent aux prochaines élections M. Girod, ancien candidat officiel sous l'Empire.

MERCIER (THÉODORE) a été nommé par 8,800 voix député de Nantua. Dès 1848, il prit une part active aux luttes du parti républicain, et dénoncé pour des articles qu'il avait publiés dans l'*Echo de la République*, il perdit son emploi de professeur au lycée de Nantua. Arrêté après le coup d'Etat, il resta deux mois dans les prisons de Mazas et de Bicêtre. Pendant toute la durée de l'Empire, il fut, comme avocat à Nantua, fidèle à ses convictions républicaines et à sa haine pour le despotisme. Il échoua aux élections générales, mais il fut élu par 28,000 voix aux élections complémentaires du mois de juillet 1871.

M. Mercier, dans la dernière Chambre, était inscrit à la gauche républicaine.

TIERSOT (Edmond-Pierre-Lazare) représentait la 1re circonscription de Bourg; républicain de vieille date, il était sous l'Empire un des chefs du parti dans le département de l'Ain. Comme M. Mercier, il échoua aux élections générales de 1871, et ne fut nommé qu'en juillet.

M. Tiersot fut, pendant la durée de la dernière Chambre, trésorier de l'Union républicaine.

M. Tiersot a fait partie de la commission qui a été envoyée à Pontivy pour faire une enquête sur l'élection de M. de Mun et les manœuvres du clergé.

TONDU (Charles-Henri), élu député de l'Ain pour la 2e circonscription de Bourg, par 8,353 voix, a exercé longtemps les fonctions de notaire à Pont-de-Veyle; très-entendu dans les questions de droit pratique, M. Tondu a fait partie de plusieurs commissions d'affaires. En 1876, il eut pour adversaire M. le comte Léopold Lehon, ancien député officiel sous l'Empire, qui compte se représenter à nouveau.

M. Tondu siégeait à gauche.

* *
*

AISNE

8 députés. — 7 républicains.

FOUQUET (Charles-Félix-Michel), député de la 2e circonscription de Laon, fut élu le 20 février 1876 par 11,127 voix. M. Fouquet, fabricant de sucre à Senceny, fut nommé, en 1871, comme candidat républicain. Dans l'Assemblée nationale comme dans la dernière Chambre, il a pris une part considérable aux discussions d'affaires et a toujours voté avec la gauche republicaine.

En 1876, il eut pour adversaire M. Hébert, ancien candidat officiel sous l'Empire, qui pose de nouveau sa candidature, mais qui n'a aucune chance de succès.

M. Fouquet siégeait à la gauche républicaine.

LEROUX (Aimé), élu par 13,856 voix, représentait la 1re circonscription de Laon. Connu par de brillants succès au Barreau de Laon, il fut nommé conseiller général sous l'Empire et combattit avec une grande énergie M. Hébert, le candidat officiel. A l'Assemblée nationale comme dans l'ancienne Chambre, M. Leroux siégeait sur les bancs du centre gauche, dont il était encore vice-président avant la dissolution.

Aux élections de 1876, les monarchistes lui avaient opposé M. le marquis de La Tour du Pin.

MALÉZIEUX (François-Adrien-Ferdinand), représentait la 2e circonscription de Saint-Quentin, qui lui donna, au 20 février 1876, 12,252 suffrages.

M. Malézieux est un avocat distingué, très-versé dans les questions d'agriculture, de droit et d'économie politique ; vétéran de nos Assemblées, il triompha en 1863 et en 1869 des candidats officiels, malgré tous les efforts de l'administration. Il eut le courage de voter contre la guerre et de revendiquer la restitution des libertés publiques confisquées au coup d'Etat. Depuis 1871 jusqu'à la dissolution, M. Malézieux a appartenu aux réunions de la gauche et du centre gauche ; il a fait partie du comité de direction de la gauche républicaine. M. Malézieux est l'auteur d'un rapport remarquable et qui a été très-remarqué sur l'exploitation des chemins de fer anglais.

Aux élections de 1876, la réaction n'osa pas lui susciter de concurrent; il en sera de même aux prochaines élections.

SOYE (Joseph-Nelson), élu député de la 1re circonscription de Vervins par 8,361 voix, exerçait depuis longues années la médecine quand ses opinions républicaines vinrent le désigner tout naturellement en 1871 au choix des électeurs.

M. Soye était inscrit au centre gauche et à la gauche. En 1876, il n'a pas eu de concurrent.

TILLANCOURT (Edouard de) représentait l'arrondissement de Château-Thierry, qui le nomma au 20 février par 9,705 voix. Représentant du peuple à la Constituante de 1848, il siégea sur les bancs de la gauche modérée, ne fut pas réélu à la Législative, mais fut nommé en 1865 au Corps législatif malgré la pression administrative à laquelle le pouvoir eut recours contre lui.

Elu au 8 février 1871 par 57,166 voix, M. de Tillancourt se fit inscrire aux deux réunions de la gauche et du centre gauche; en 1876, il n'eut pas de concurrent.

TURQUET (Edmond-Henri) représentait la 2e circonscription de Vervins, qui lui donna au 20 février 8,125 voix. Magistrat sous l'Empire, M. Turquet n'hésita pas à donner sa démission et à renoncer à un avenir qui s'ouvrait brillant devant lui quand l'accomplissement de ses devoirs professionnels se trouvèrent en opposition avec ses sentiments de droiture et d'honneur. Pendant la dernière guerre, il s'engagea et fit preuve dans la campagne d'une bravoure à toute épreuve, fut blessé trois fois, cité à l'ordre du jour de l'armée et décoré après le combat de la Malmaison.

Depuis 1871, ses convictions républicaines ne se sont jamais démenties; dans l'Assemblée nationale comme dans la dernière Chambre, il était inscrit à la gauche et à l'Union républicaine. M. Turquet est l'auteur de l'un des deux rapports sur l'élection de M. de Mun.

VILLAIN (Jean-Louis-Henri) représentait la 1re circonscription de Saint-Quentin. M. Villain est un grand fabricant de sucre qui joint à une connaissance approfondie des affaires des opinions républicaines à toute épreuve. Membre de l'Assemblée nationale en 1871, il a fait un rapport très-remarquable sur la législation des sucres.

En 1876, il n'eut pas de concurrent et fut élu par 9,523 voix. M. Villain était inscrit à la gauche et à l'Union républicaine.

***

ALGER

1 député. — 1 républicain.

GASTU (François-Joseph) a été élu à Alger, le 20 février 1876, par 5,822 voix. Il est né à Porete (Pyrénées-Orientales), le 18 novembre 1834. M. Gastu est avocat et habite l'Algérie depuis 1859; il remplissait depuis 1870 les fonctions de maire d'Alger en qualité de premier adjoint lorsqu'il fut révoqué le 21 mars 1874 par la réaction triomphante. En 1872, M. Gastu s'était aliéné l'archevêque en refusant de prendre un arrêté municipal interdisant la circulation des voitures dans les rues d'Alger pendant la procession de la Fête-Dieu ; le parti clérical ne pouvait lui pardonner d'avoir veillé à l'exécution de la loi de germinal qui interdit les processions dans les villes où il y a des cultes dissidents.

En 1876, M. Gastu, candidat républicain, eut pour concurrent un autre candidat républicain, M. César Bertholon, sur lequel il l'emporta ; il siégeait à gauche.

*
* *

ALLIER

6 députés. — 6 républicains.

ADRIAN, décédé.

CHANTEMILLE (Joseph) représentait la 1re circonscription de Montluçon ; il a été nommé le 20 février par 8,312 voix. M. Chantemille est né à Saint-Sauvies le 23 avril 1827. Vice-président du conseil général de l'Allier, profondément dévoué aux institutions républicaines, l'échec qu'il essuya au 8 février 1871 ne le découragea point ; il se présenta de nouveau l'année dernière, et l'emporta à une grande majorité sur M. Edouard Fould, candidat bonapartiste.

M. Chantemille était inscrit à la gauche républicaine.

CORNIL (André-Victor), professeur à la Faculté de médecine de Paris, a été nommé, le 20 février 1876, député de l'arrondissement de Lapalisse par 9,194 voix. M. Cornil, envoyé comme préfet de l'Allier par M. Gambetta au 4 septembre, est président du conseil général du département. M. Cornil est né à Cusset, le 17 juin 1837.

M. Cornil est étroitement lié avec M. Gambetta, qui lui a adressé plusieurs de ses manifestes politiques. Il a fait partie de plusieurs commissions importantes, notamment de la commission du budget, dont il a été un des rapporteurs.

M. Cornil était inscrit à la gauche et à l'Union républicaine.

DEFOULENAY (Jean-Baptiste-Prosper) a été élu député de la 2e circonscription de Montluçon, le 20 février 1876, par 7,044 voix. Il est né à Cerilly, le 23 décembre 1817. M. Defoulenay l'a emporté sur M. Duchet, candidat bonapartiste.

Il siégeait au centre gauche.

LAUSSEDAT (Louis) a été élu député de la 1re circonscription de Moulins, le 20 février 1876, par 4,473 voix. Il est né à Moulins le 30 juillet 1809. Après avoir terminé ses études de médecine à Paris, il revint se fixer dans l'Allier, où il ne tarda pas à conquérir la première place. Il prit part aux glorieuses journées de Juillet, et il ne cessa de lutter contre Louis-Philippe, quand il vit qu'une monarchie nouvelle prenait la place du gouvernement républicain pour lequel il s'était battu. Il fit partie de la Constituante de 1848, mais ne fut pas réélu à la Législative. Expulsé de France après le coup d'Etat, il se réfugia à Bruxelles, où il exerça la médecine avec un grand succès, et qu'il ne quitta qu'après avoir été élu en 1876 contre M. Bayon, candidat, et M. le baron Servatuis, candidat bonapartiste.

M. Laussedat, avant la dissolution, présidait le groupe de l'Union républicaine; c'est dire qu'il a pris une part considérable à toutes les négociations qui ont eu lieu entre les groupes républicains, avant comme après la chute de M. Jules Simon.

PATISSIER (Sosthènes), avocat distingué du Barreau de Moulins, a été élu, le 20 février, député de la 2ᵉ circonscription de Moulins par 8,427 voix. Il est né à Besson, le 24 février 1827.

Membre de l'Assemblée nationale, il a siégé depuis cette époque sur les bancs du centre gauche, à côté de MM. Gailly et Philippoteaux.

Aux élections du 20 février, M. Patissier eut pour adversaire M. Riant, député sortant, soutenu par les monarchistes, aujourd'hui directeur général des postes, et désormais célèbre par ses fameuses circulaires. M. Riant n'obtint que 1,863 voix.

* *

ALPES (Basses-)

5 députés. — 5 républicains.

ALLEMAND (Pierre-Léger-Prosper) a été nommé député de l'arrondissement de Digne, le 20 février 1876, par 7,463 voix, contre M. Falcon de Cimier, préfet du département sous l'Empire, qui n'en obtint que 2,242.

M. Allemand est un médecin très-populaire dans son département; il est né à Allemagne, le 16 juillet

1815. Il fut nommé député aux élections complémentaires du mois de juillet 1871 en remplacement de M. Thiers qui avait opté pour la Seine ; mais il échoua en 1876 aux élections sénatoriales.

M. Allemand était inscrit à la gauche républicaine.

BOUTEILLE (Auguste-Michel) représentait l'arrondissement de Forcalquier. Il fut élu au second tour de scrutin, le 5 mars 1876, par 4,339 voix. Il échoua aux élections sénatoriales en compagnie de M. Allemand, mais il l'emporta sur M. de Salve aux élections législatives.

M. Bouteille est avocat, grand propriétaire et vice-président du conseil général ; il était inscrit à la gauche et à l'Union républicaine.

GASSIER (Hippolyte-Aimé) représentait l'arrondissement de Barcelonnette ; il a été élu le 20 février 1876 par 2,871 voix.

Membre du conseil général, il fit en 1876 une profession de foi des plus nettes dans laquelle il s'éleva avec beaucoup de force contre les dangers du pouvoir personnel.

M. Gassier, banquier à Barcelonnette, est né dans cette ville le 21 septembre 1834 ; il était inscrit à la gauche républicaine.

PICARD (Eugène-Arthur), élu député de Castellane au second tour de scrutin, le 5 mars 1876, par 2,169 voix, est né a Paris le 8 juillet 1825. Frère de M. Ernest Picard, le sénateur inamovible décédé, M. Arthur Picard fonda avec lui à la fin de l'Empire un journal d'opposition républicaine *l'Electeur libre.*

Au premier tour de scrutin, M. Arthur Picard avait eu trois concurrents qui se retirèrent tous au second tour. Dans l'ancienne Chambre, il appartenait au centre gauche.

THOUREL (François-Albin) a été élu député de Sisteron au second tour de scrutin le 5 mars 1876 pas 3,388 voix.

Il est né à Montpellier le 6 octobre 1800 ; c'est dire qu'il est, après M. Raspail et M. Thiers, le député le plus âgé de la Chambre. Très-connu comme avocat dans toute la région du Midi, M. Thourel, fut nommé, après le 4 septembre, procureur général près la cour d'Aix.

M. Thourel est en même temps conseiller général des Bouches-du-Rhône et conseiller municipal d'Aix.

***

ALPES (Hautes-)

3 députés. — 2 républicains.

CÉZANNE, décédé.

CHAIX (Bernard-Cyprien), ancien membre de la Législative, où il vota constamment avec la gauche, a été nommé député de Gap le 20 février 1876, par 10,962 voix. En 1869 il se présenta sans succès contre M. Clément Duvernois, qui fut élu grâce à une pression administrative sans exemple.

Préfet des Hautes-Alpes après le 4 septembre, M. Cyprien Chaix fut élu député le 8 février 1871, par 11,533 voix ; mais son élection ayant été annulée, en raison de ce qu'il n'avait pas cessé ses fonctions de préfet dans le délai exigé par la loi, il rentra dans l'administration, où il resta jusqu'à la chute de

. Thiers. Aux élections du 20 février, M. Chaix fut
u sans concurrent; il appartenait à la gauche répuicaine.

* *
*

ALPES-MARITIMES

4 députés. — 3 républicains.

BORRIGLIONE (ALFRED-FERDINAND), avocat du
arreau de Nice, représentait la 1re circonscription de
t arrondissement; il a été élu le 20 février 1876,
ar 5,317 voix.

Avant les dernières élections, M. Borriglione était
msidéré à Nice comme le chef du parti séparatiste;
ais les républicains furent heureux de constater
l'il avait rompu avec les *italianissimes,* et qu'il
était rallié à la candidature si patriotique et si réublicaine de M. Joseph Garnier au Sénat, et ils ne
i opposèrent pas de concurrent.

M. Borroglione était inscrit, dans l'ancienne Chame, à la gauche républicaine et au centre gauche;
est âgé de trente-six ans.

CHIRIS (FRANÇOIS-ANTOINE-LÉON) a été élu député
Grasse, le 20 février 1876, par 11,725 voix. Il est né
Grasse, où il possède une importante fabrique de
arfumerie. Soutenu par le parti français, ainsi que
. Médecin, il fut élu avec ce dernier en 1874, en
mplacement de M. Piccon, démissionnaire, et de
. Bergundi, décédé.

M. Chiris faisait partie du centre gauche, et il a été élu secrétaire de la Chambre des députés le deuxième, par 347 voix.

LEFÈVRE, décédé.

ARDÈCHE

6 députés. — 5 républicains.

CHALAMET (Jean-Marie-Arthur) représentait la 1ʳᵉ circonscription de l'arrondissement de Privas, qui l'a élu, le 20 février 1876, par 9,299 voix. Il est né à Vernoux le 19 décembre 1822.

M. Chalamet est professeur de rhétorique au lycée de Lyon et membre du conseil général de l'Ardèche.

Il échoua aux élections de 1871, mais fut nommé sans concurrent en 1876; il était inscrit à la gauche républicaine.

DESTREMX (Léonce) représentait la 2ᵉ circonscription de Largentière; il a été élu, le 20 février 1876, par 6,652 voix, contre M. Lauriol, candidat des réactionnaires.

M. Destremx a appartenu à l'Assemblée nationale, où il siégeait sur les bancs du centre gauche. Lors des élections sénatoriales, il fut porté par le parti républicain en même temps que M. le comté Rampon; mais celui-ci fut seul nommé, et M. Tailhand, ancien ministre de l'ordre moral, l'emporta sur M. Destremx.

M. Destremx a toujours voté avec les républicains. Il siégeait au centre gauche.

GLEIZAL (AUGUSTE), député de la 2ᶜ circonscription de l'arrondissement de Privas, a été élu le 20 février 1876, par 10,338 voix; il est né le 17 novembre 1804, à Entraigues.

M. Gleizal a fait partie de la Législative, où il siégeait à l'extrême gauche.

Aux élections de 1876 il fut élu contre M. de Farincourt, candidat bonapartiste, et M. Broet, député sortant, membre du centre droit.

ROUVEURE (PIERRE-MARCELLIN) représentait la 2ᵉ circonscription de Tournon ; il a été élu, le 20 février 1876, par 7,983 voix. Grand industriel du département, M. Rouveure fut nommé comme républicain à la Constituante de 1848 et vota cependant plusieurs fois avec la droite. M. Rouveure a fait partie de l'Assemblée nationale où il siégeait au centre gauche. On doit lui reprocher d'avoir voté avec la droite, notamment en faveur de l'arrêté contre les enterrements civils, l'état de siége, le ministère de Broglie.

M. Rouveure a été réélu en 1876. On le dit fatigué de la vie politique et disposé à ne plus se présenter. Notons cependant qu'il est un des 363, puisque son nom figure ici et qu'il s'est associé à toutes les manifestations des groupes républicains.

SEIGNOBOS (CHARLES-ANDRÉ) représentait la première circonscription de Tournon; il a été élu, le 20 février 1876, par 9,114 voix. Il est né à Lamastre le 28 août 1822 il fut élu sous l'Empire membre du conseil général malgré tous les efforts de l'administration.

Élu membre de l'Assemblée nationale en 1871,

M. Seignobos, siégea au centre gauche; en 1876, il fut élu à une grande majorité contre le marquis de la Tourette, monarchiste.

M. Seignobos occupe une grande situation dans le département de l'Ardèche comme avocat et vice-président du conseil général.

***

ARDENNES

5 députés. — 4 républicains.

DRUMEL (Etienne-Hubert-Ernest) est né le 15 janvier 1844. Il est professeur de droit à la Faculté de Douai, et depuis 1873, il représente au conseil général le canton de Novion-Porcien. Aux élections du 20 février, il l'emporta au scrutin de ballotage sur M. Karcher, autre candidat républicain, et M. Crampon, le candidat de la réaction. Aux élections prochaines, M. Drumel n'aura plus en face de lui que M. Crampon : c'est dire que sa majorité sera d'autant plus grande et que sa réélection est assurée.

A la dernière Chambre, M. Drumel a pris plusieurs fois la parole avec succès; il a fait partie des commissions les plus importantes chargées de préparer des lois de l'enseignement, notamment la révision de la loi de l'enseignement supérieur. Il appartenait aux réunions de la gauche et du centre gauche, et a été le dernier secrétaire de ce groupe parlementaire. M. Drumel jouit dans tout l'arrondissement de Réthel d'une popularité contre laquelle tous les efforts de l'administration ne pourront prévaloir.

GAILLY (Gustave) est né à Charleville, le 25 février 1825. Riche industriel du département qu'il a représenté en 1871, il fut nommé député de l'arrondissement de Mézières, le 20 février 1876, par 12,570 voix. Il est un des députés les plus fermes du centre gauche et a constamment voté avec les groupes républicains. Il a été élu questeur de la Chambre le premier par 352 voix.

Au 20 février 1876, M. Gailly n'eut pas de concurrent; il est douteux que cette fois la réaction songe à lui en donner un.

NEVEUX (Théophile-Armand), élu député pour l'arrondissement de Rocroi par 6,522 voix, est un ancien avoué de Rocroi et vice-président du conseil général. M. Neveux, en 1877 comme en 1876, sera soutenu par toutes les nuances du parti républicain et réélu avec une grande majorité. On ne lui connaît pas encore de concurrent.

Dans l'ancienne Chambre, M. Neveux était inscrit à la fois à la gauche et au centre gauche.

PHILIPPOTEAUX, député de l'arrondissement de Sedan, a été élu, le 20 février 1876, par 10,426 voix. Il est né à Sedan, où il s'est fait une place distinguée au Barreau, le 7 avril 1821.

M. Philippoteaux siégeait au centre gauche; républicain des plus conservateurs, il a déposé dans la première session de 1876, au sujet des propositions d'amnistie, un amendement tendant à édicter une prescription spéciale de cinq ans pour les crimes et délits politiques, se rattachant aux événements de la Commune.

Il y a quelques jours, M. Philippoteaux a protesté avec l'indignation d'un honnête homme contre les odieuses calomnies du *Bulletin des Communes*.

M. Philippoteaux n'aura pas de peine à triompher du candidat bonapartiste que la réaction lui oppose, M. Auguste Robert.

***

ARIÉGE

3 députés. — 1 républicain.

VIGNES (ALEXANDRE-THÉODORE) a été élu député de Pamiers, le 20 février 1876, par 10,315 voix ; il est né dans cette ville le 4 août 1812. Nommé sous-commissaire de la République à Pamiers, après la Révolution de 1848, M. Vignes fut quelques semaines après nommé à la Constituante. Il vota avec l'extrème gauche et fut réélu à la Législative ; arrêté après le 2 décembre, il subit plusieurs mois d'emprisonnement et reprit ensuite sa place au Barreau de Pamiers.

Après le 4 septembre, M. Vignes, fut nommé sous-préfet de Pamiers ; il échoua aux élections de 1871 ; il l'emporta en 1876 contre le baron de Saintenac, candidat du drapeau blanc.

***

AUBE

5 députés. — 4 républicains.

CASIMIR PERIER (JEAN) a été élu député de Nogent-sur-Seine, le 20 février 1876, par 6,980 voix. Il est le fils aîné de M. Casimir Périer, ancien ministre de M. Thiers et décédé sénateur inamovible. M. Jean Casimir Perier est né le 8 novembre 1847.

Pendant la guerre de 1870, il fit héroïquement son devoir et servit avec les mobiles de l'Aube; en 1874, il dirigea avec beaucoup d'activité et de dévouement la campagne électorale en faveur du candidat républicain, M. le général Saussier, contre le candidat bonapartiste, M. Argence.

M. Jean Casimir Périer, rallié, comme l'était son père, sans aucune arrière-pensée au gouvernement républicain, a été élu en 1876; il n'avait pas de concurrent. Il siége au centre gauche et est inscrit en même temps à la gauche républicaine.

FREMINET (Henri-Etienne) a été élu député de Troyes par 12,613 voix ; il est né dans cette ville le 7 novembre 1843. Il sut conquérir de bonne heure, par son travail et son talent, une place importante au Barreau de Troyes.

Nommé conseiller général en 1875, après être passé le troisième sur la liste républicaine aux élections municipales de 1874, il se trouvait tout naturellement, aux élections de 1876, désigné aux suffrages des républicains, et il fut nommé à une grande majorité.

M. Freminet appartenait à la gauche républicaine.

ROUVRE (Pierre-François) a été élu député de Bar-sur-Seine, au second tour de scrutin, par 7,196 voix, contre M. de Maupas, le préfet de police du coup d'Etat. Il est né à Saint-Parrès-les-Vaudes, le 15 décembre 1802. M. Rouvre, dont la candidature avait été recommandée par M. Casimir Périer, l'ancien ministre, siégeait au centre gauche.

TEZENAS (Antoine-Hippolyte) a été élu député d'Arcis-sur-Aube, le 20 février 1876, par 5,585 voix;

contre M. de Plancy, bonapartiste. Ancien élève de l'Ecole polytechnique, il a été mis à la retraite il y a un an, comme colonel du génie. M. Tezenas est un des amis intimes de M. Thiers. Il siégeait au centre gauche.

* * *

AUDE

4 députés. — 4 républicains.

BONNEL (Léon) a été élu député de Narbonne, le 20 février 1876, par 10,960 voix; il est né à Narbonne, le 24 août 1829.

M. Bonnel, qui avait échoué en 1871, fut nommé en décembre 1873. En 1876, il eut à lutter contre M. Peyrusse, ancien député officiel de l'Empire, candidat bonapartiste. M. Bonnel est un républicain très-convaincu qui jouit d'une grande considération dans tout le département. Il était inscrit à l'Union républicaine.

MARCOU (Jacques-Théophile) a été élu député de Carcassonne, le 20 février 1876, par 15,503 voix. Il est né à Carcassonne, le 18 mai 1813. M. Marcou est un ancien proscrit de décembre; il a passé en Espagne dix-sept années d'exil. Il échoua aux élections de 1872.

M. Marcou était, avec MM. Louis Blanc et Madier de Montjau, un des chefs de l'extrème gauche.

M. Marcou est avocat et conseiller général de
l'Aude ; il est également à la tête d'un journal démocratique, *la Fraternité.*

MIR (LOUIS-BERTRAND) a été élu député de Castel-
naudary, aux élections générales du 20 février, par
5,907 voix. Il est né le 14 avril 1843.

M. Mir est avocat à Paris ; il a été longtemps secrétaire de M. Jules Grévy. Il y a quelque temps,
M. Mir a épousé la fille de M. Perevré.

M. Mir était inscrit à la gauche.

ROUGÉ (FRANÇOIS-OSCAR) a été élu député de Limoux, au second tour de scrutin, par 8,038 voix. Il
est membre du conseil général et banquier à Limoux.

M. Rougé est né à Belvèse, le 15 décembre 1845.

Il était inscrit au groupe de l'Union républicaine.

* *

AVEYRON

7 députés. — 2 républicains.

MAS (VICTORIN-EDOUARD) a été élu député de Milhau, au second tour de scrutin, par 8,139 voix.

Médecin distingué, M. Mas exerce depuis longues
années à Milhau. Il est né à Borics, le 25 septembre
1830. M. Mas l'a emporté, en 1876, sur M. de Bonald,
candidat des monarchistes.

M. Mas appartenait à la gauche.

MÉDAL (ETIENNE-AUGUSTE) a été élu député de la 2ᵉ circonscription de Villefranche, le 20 février 1876, contre M. le duc Decases, ministre des affaires étrangères. M. Médal, né à Sonnac, en 1812, est un républicain de vieille date. Il a fait partie de la Constituante de 1848, mais n'a pas été réélu à la Législative.

Dans l'ancienne Chambre, il était inscrit à la gauche.

BOUCHES-DU-RHONE

7 députés. — 7 républicains.

BOUCHET (PAUL-EMILE) a été élu député de la 4ᵉ circonscription de Marseille, le 20 février 1876; par 8,872 voix. M. Bouchet, est né le 28 décembre 1840. Avocat distingué du Barreau de Marseille, M. Bouchet prit part aux luttes de la démocratie contre l'Empire et patrona énergiquement, en 1869, les candidatures de MM. Gambetta et Esquiros.

Substitut du procureur de la République après le 4 septembre, M. Bouchet se trouva compromis avec Gaston Crémieux dans les affaires de la Commune; il fut acquitté.

M. Bouchet fut envoyé à l'Assemblée nationale, le 7 janvier 1872, à la suite d'une élection partielle, et en 1876, les électeurs lui renouvelèrent son mandat.

Dans l'ancienne Chambre, M. Bouchet était inscrit à l'Union républicaine et à l'extrême gauche.

BOUQUET (Jules) a été élu député de la 2e circonscription de Marseille, le 16 avril 1876. M. Bouquet est médecin et membre du conseil général des Bouches-du-Rhône. Il fut nommé à Marseille, à la suite de l'option de M. Gambetta pour Paris. Démocrate éprouvé, convaincu, M. Bouquet a pris une part considérable aux luttes du parti républicain contre l'Empire.

M. Bouquet appartenait à l'extrême gauche; il a voté la proposition d'amnistie pleine et entière.

LABADIÉ (Alexandre) a été élu contre M. Clapier, député de la 2e circonscription d'Aix, le 20 février 1876, par 6,506 voix. Il est né le 12 avril 1814. M. Labadié occupe une situation considérable dans le commerce des draps; il a toujours professé des opinions républicaines; il a été après la guerre, pendant plus de trois ans, président du conseil général des Bouchesdu-Rhône. Dans l'ancienne Chambre, M. Labadié appartenait à la gauche républicaine; il a fait partie de la première commission du budget. C'est un homme d'une grande aptitude dans toutes les questions qui se rattachent soit à l'industrie, soit à la marine marchande.

LOCKROY (Etienne-Edouard) a été élu, le 20 février 1876, à la fois dans le dix-septième arrondissement de Paris et dans la 1re circonscription d'Aix, pour laquelle il a opté.

M. Lockroy est né à Paris le 17 juillet 1840; doué d'un caractère des plus chevaleresques, M. Lockroy fit avec Garibaldi l'expédition de Sicile et de Naples; rentré en France, par sa plume incisive et brillante, il fut bientôt de ceux dont les coups battirent le plus en brèche le gouvernement impérial. Pendant la guerre, M. Lockroy se distingua à Buzenval. Au 8 février, il fut élu député de la Seine par 135,583 voix.

Dans l'ancienne Chambre, M. Lockroy était inscrit

à l'extrême gauche; il a défendu et voté la proposition d'amnistie pleine et entière.

RASPAIL (FRANÇOIS-VINCENT) a été élu député de la 1re circonscription de Marseille, au second tour de scrutin, par 5,280 voix, contre M. Amat, candidat républicain et M. de Cariolis, candidat légitimiste, M. Raspail est né le 29 janvier 1794: c'est dire qu'il est agé de 83 ans. Chimiste des plus distingués, M. Raspail est l'auteur de découvertes scientifiques importantes.

Sous Louis-Philippe, un des chefs du mouvement démocratique, du parti de l'action avec Barbès, Blanqui, Martin-Bernard, et fut plusieurs fois condamné à la prison. Après 1848, il attaqua violemment le gouvernement provisoire et prit part à la manifestation du 15 mai. L'Empire le mit en prison à Doullens, mais en 1869, il était nommé député à Lyon contre M. Jules Favre.

En sa qualité de doyen d'âge, M. Raspail a présidé le 8 mars 1876 la première séance de la Chambre; il a été l'auteur de la proposition d'amnistie pleine et entière.

M. Raspail appartenait à l'extrême gauche

ROUVIER (MAURICE) a été élu, le 20 février 1876, député de la 3e circonscription de Marseille, par 8,503 voix. Il est né à Aix le 17 avril 1842. M. Rouvier, déjà connu sous l'Empire par de nombreux articles de journaux, fut nommé, en 1871, à l'Assemblée nationale où il se fit bientôt une place à part par un travail opiniâtre et sa profonde connaissance des questions commerciales, financières et industrielles. Il a été rapporteur de la loi sur la réforme judiciaire en Egypte, et a énergiquement lutté pour la défense des intérêts français en Orient.

M. Rouvier a été nommé secrétaire de la Chambre en 1876 et réélu en 1877.

·M. Rouvier était inscrit à la gauche et à l'Union républicaine.

TARDIEU (AUGUSTIN) a été élu député d'Arles, le 20 février 1876, par 9,764 voix. Il est né dans cette ville le 23 décembre 1828.

M. Tardieu est membre du conseil général des Bouches-du-Rhône, dont il a été longtemps président; il a été maire d'Arles, mais révoqué après le 24 mai 1873, comme après le 16 mai 1877.

Il a fait partie de l'Assemblée nationale de 1871; dans l'ancienne Chambre, M. Tardieu faisait partie de l'Union républicaine.

* *

CALVADOS

7 députés. — 3 républicains.

HOUYVET (HENRI-CHARLES-FRANÇOIS) a été élu député de la 1re circonscription de Caen, le 20 février 1876, par 5,288 voix. Il est né à Cherbourg, le 27 janvier 1826.

Jurisconsulte distingué, M. Houyvet a été nommé, en 1870, conseiller à la Cour de Caen.

Dans l'ancienne Chambre, M. Houyvet a pris part à plusieurs discussions importantes; il a également joué un rôle considérable dans les négociations des bureaux des gauches.

C'est un esprit des plus fermes et des plus nets de la gauche modérée. Il était en même temps inscrit au centre gauche.

PICARD (Arsène) a été élu député de Vire, le 20 février 1876, par 7,477 voix. Il est né à Carville, le 23 novembre 1831.

Ancien élève de l'École polytechnique, il reprit le service aussitôt la guerre déclarée et se conduisit avec une grande bravoure pendant la durée de la campagne.

M. Picard est membre du conseil général et vice-président de la Société d'agriculture de Vire.

Il siégeait au centre gauche.

PILET-DESJARDINS (Constant-Lucien) a été élu député de Bayeux, au 2ᵉ tour de scrutin, le 5 mars 1876, par 6,589 voix. Il est né à Bayeux, le 9 mars 1831.

Au 1ᵉʳ tour de scrutin, il avait eu pour concurrents M. Niobey, candidat constitutionnel, et M. Douesnel, candidat bonapartiste.

M. Pilet-Desjardins a été sous-préfet de Bayeux après le 4 septembre. Il est inscrit au Barreau de Paris. Il faisait partie du centre gauche.

***

CANTAL

4 députés. — 3 républicains.

BASTID (Martial-Raymond) a été élu député d'Aurillac, le 20 favrier 1876, par 10,042 voix. Il est né à Aurillac, le 30 juin 1821. Avocat au Barreau de cette ville, il l'emporta, en 1869, sur le candidat offi-

ciel. Elu à l'Assemblée nationale, en 1871, il siégea
au centre gauche. Il fut réélu en 1876 : la réaction ne
lui avait pas suscité de concurrent.

DURIEU (JEAN-JACQUES) a été élu député de Mau-
riac, au 2e tour de scrutin, le 5 mars 1876, par 5,495
voix. Il est né dans cette ville le 28 février 1812. M. Durieu est un républicain éprouvé, après 1848 il a appartenu tour à tour à la Constituante et à la Législative
et fut jeté après le coup d'Etat de décembre dans le
donjon de Vincennes.

Sous l'Empire, M. Durieu reprit sa place au Barreau ; en 1871, il fut envoyé à l'Assemblée nationale
et en 1876, les électeurs lui ont renouvelé son mandat.

OUDOUL (JEAN-JULES) a été nommé député de
Saint-Flour, le 20 février 1876, par 6,801 voix. Il est
né à Murat, le 16 janvier 1833.

M. Oudoul, maire de Saint-Flour, sous le gouvernement de M. Thiers, fut révoqué après 24 mai. En 1876,
il obtint une grande majorité sur son concurrent : il
était inscrit au centre gauche.

***

CHARENTE

6 députés. — 1 républicain.

DUCLAUD (PIERRE-AUGUSTE) a été élu député de
Confolens, le 20 février 1876, par 7,230 voix. Il est
né à Confolens, le 8 avril 1824.

M. Duclaud échoua aux élections de 1871, mais l'emporta, en 1876, sur ses deux concurrents, M. Marchand, député sortant, bonapartiste, et M. Boreau-Lajanadie, député sortant, monarchiste.

M. Duclaud, ancien sous-préfet de Confolens, est membre du Conseil général de la Charente; dans l'ancienne Chambre il appartenait à la gauche et à l'Union républicaine.

*
* *

CHARENTE-INFÉRIEURE

7 députés. — 2 républicains.

BETHMONT (Paul-Louis) a été élu député de Rochefort, le 20 février 1876, par 6,844 voix. Il est né à Vitry-sur-Seine, le 12 octobre 1833. Il débuta au Barreau sous les auspices de M. Bethmont, son père, ancien bâtonnier de l'Ordre des avocats de Paris et ancien ministre de la République en 1848. M. Bethmont fut élu sous l'Empire comme candidat de l'opposition en 1865 et en 1869. Dans l'Assemblée nationale, il siégait au centre gauche et fut nommé à plusieurs reprises secrétaire de la Chambre.

Réélu, en 1876, contre M. Roche, candidat bonapartiste, M. Bethmont a été élu vice-président de la Chambre par 349 voix; il a également présidé le centre gauche et pris une part active aux négociations des groupes.

MESTREAU (Charles) a été nommé député de Marennes, en 1876, en remplacement de M. Dufaure, nommé sénateur inamovible. Il est né le 3 juillet 1820. M. Mestreau a fait partie de l'Assemblée nationale; c'est un des grands propriétaires et un des chefs du parti républicain dans la Charente-Inférieure.

M. Mestreau appartenait à la gauche républicaine.

* *
* *

CHER

5 députés. — 5 républicains.

BOULARD (Auguste-Henri) a été élu député de la 2° circonscription de Bourges, le 20 février 1876, par 7,621 voix. Il est né à Mehun-sur-Yèvre, le 3 avril 1825. M. Boulard l'a emporté, en 1876, sur M. le baron de Clamecy, bonapartiste, et sur M. Monnier, monarchiste. Il est membre du conseil général et vice-président du Comice agricole de Bourges.

Dans l'ancienne Chambre, M. Boulard était inscrit à la gauche.

DEVOUCOUX (Philippe-Jean) a obtenu, le 20 février, une double élection; il a été élu dans la 1re circonscription de Bourges et dans la 2° de Saint-Amand. M. Devoucoux a opté pour Bourges. Il est né à Château-Chinon, le 11 juin 1819. Il est très-populaire dans le département qu'il administra avec beaucoup de tact et d'habileté, après le 4 septembre, sous M. Thiers. Il échoua néanmoins aux élections sénatoriales.

M. Devoucoux a été président du conseil général

du Cher, et la gauche républicaine, lors du dernier renouvellement de son bureau, l'avait choisi pour président.

DUVERGIER DE HAURANNE (Louis-Ernest) a été élu député de Sancerre, le 20 février 1876, par 10,696 voix, contre M. de Chabaud-Latour, monarchiste, et Guillaumin, bonapartiste. M. Ernest Duvergier de Hauranne, comptait parmi les anciens orléanistes, de l'Assemblée nationale, qui s'étaient ralliés, avec le plus de sincérité, aux institutions républicaines.

Il a publié, dans la *Revue des Deux-Mondes*, des articles qui ont été très-remarqués.

M. Ernest Duvergier de Hauranne est mort depuis la dissolution; il sera remplacé par son père; il appartenait au centre gauche.

GIRAULT (Jean) a été élu député de la 1re circonscription de Saint-Amand, le 20 février 1876, par 6,885 voix. Il est né en 1825. Républicain de vieille date, il fit une guerre acharnée à l'Empire et fut élu, en 1869, contre le candidat officiel. M. Girault, qu'on appelait à cette époque, *le Meunier du Cher* protesta avec la dernière énergie contre la déclaration de guerre.

Dans l'ancienne Chambre, M. Girault faisait partie de l'extrême gauche.

ROLLET (Eugène) a remplacé M. Devoucoux dans la 2e circonscription de Saint-Amand. Après le coup d'Etat, il fut arrêté et expulsé. Le quatre septembre le nomma sous-préfet de Saint-Amand, mais il fut révoqué après le 24 mai. M. Rollet a été élu, le 16 avril 1876, contre M. de Saint-Sauveur, candidat réactionnaire.

M. Rollet était inscrit à l'Union républicaine.

*
* *

CONSTANTINE

1 député. — 1 républicain.

THOMSON (GASTON), ex-député de Constantine, est né à Oran, le 29 janvier 1848. Il a fait ses études à Alger où il est resté 24 ans. Interne à l'hôpital civil d'Alger, a collaboré, sous l'Empire, dans différents organes républicains, entre autre *le Démocrate*, fondé par M. Joly, ancien représentant, M. Lelièvre, actuellement sénateur, etc.; — il a été secrétaire du comité anti-plébiscitaire d'Alger. — M. Thomson fait partie de la *République française* depuis la fondation du journal où, entre autre fonction, il a été chargé de la question algérienne, — s'est présenté, à Constantine, comme représentant de la politique opportuniste.

M. Thomson est le premier enfant de l'Algérie envoyé à la Chambre. Sa réélection est assurée.

*
* *

CORRÈZE

5 députés. — 5 républicains.

CHANAL (VICTOR-ADOLPHE DE) général, a été élu député de la 2º circonscription de Tulle, le 20 juin

1876, par 6,847 voix. Il est né à Paris, le 20 février 1811. Il était capitaine d'état major en 1848, lorsqu'il fut nommé préfet des Hautes-Alpes, puis préfet du Gard. Au coup d'Etat, il donna sa démission de préfet de l'Ain et rentra dans l'armée. M. de Chanal est actuellement général de brigade d'artillerie.

Dans l'ancienne Chambre, il était inscrit au centre gauche.

LATRADE (Louis) a été élu député de la 2e circonscription de Brive, le 20 février 1871, par 7,967 voix. Il est né le 25 novembre 1811. Sous Louis-Philippe, M. Latrade collabora au *National* parmi les plus intrépides champions du parti républicain et fut impliqué dans plusieurs procès politiques. En 1848, il administra tour à tour comme commissaire général la Gironde et la Dordogne, fut expulsé au coup d'Etat et ne rentra en France qu'après l'amnistie. M. Latrade fut préfet de la Corrèze au 4 septembre. En 1873, il remplaça M. Rivet à l'Assemblée nationale. Aux élections de 1876, il l'emporta sur un ancien sous-préfet de l'Empire, M. Fauqueux.

Il était inscrit à la gauche républicaine.

LAUMOND (Louis-Félix) a été nommé député au second tour de scrutin, le 5 mars 1876, par 5,577 voix. Au 24 mai, il fut révoqué de ses fonctions de maire d'Ussel. Il est né dans cette ville, le 21 novembre 1829.

M. Laumond l'a emporté aux élections de 1876 sur M. L'Ebraly, député sortant, ancien membre du centre droit.

M. Laumont était inscrit à la gauche.

LECHERBONNIER (Auguste) a été élu député de la 1re circonscription de Brive, au second tour de scrutin, par 8,138 voix. Il est né à Issoudun, le 9 séptembre 1822. M. Lecherbonnier a été, à la suite du coup d'Etat, interné à Brive.

Au scrutin de ballotage, M. Lecherbonnier l'emporta sur le candidat réactionnaire, grâce au désistement de M. de Salvandy. M. Lecherbonnier est un avocat distingué. Il comptant dans l'ancienne Chambre parmi les députés les plus entendus dans les questions de finances et d'impôts.

Il faisait partie de la gauche et de l'Union républicaine.

VACHER (Léon-Cléry) a été élu député de la 1re circonscription de Tulle, le 20 février 1876, par 8,512 voix, contre M. de Scilhac, candidat réactionnaire. Il est né à Ereignac, le 28 mars 1832. Il exerce depuis de longues années la médecine à Tulle.

Comme M. Lecherbonnier, M. Vacher, dans l'ancienne Chambre, était inscrit à gauche.

*
* *

CORSE

5 députés. — 2 républicains.

BARTOLI (Alexandre) a été élu député de Sartène, le 20 février 1876, par 3,137 voix. Il est né à Sartène, en 1825. Médecin de grand mérite, M. Bartoli a occupé à l'Ecole de Marseille la chaire de pathologie interne; en 1863 et 1871, il échoua aux élections, mais fut nommé, en 1876, contre M. Charles Abbatucci.

M. Bartoli était inscrit à la gauche et l'Union républicaine.

NAPOLÉON (PAUL-JÉRÔME BONAPARTE) a été élu
député d'Ajaccio, le 14 mai 1876, par 6,023 voix, à la
suite de l'option de M. Rouher pour Riom. Le prince
Napoléon, cousin de l'ex-empereur, au mois d'octobre 1874 ; il se présenta à Ajaccio, mais fut vivement
combattu par les bonapartistes et échoua. Aux élections de février 1871, il échoua contre M. Rouher au
scrutin de ballotage. Dans l'ancienne Chambre, il
s'est associé au manifeste et aux ordres du jour des
gauches ; c'est pourquoi il figure dans cette biographie des 363.

Le prince Napoléon est né à Trieste, le 9 septembre
1822.

Il ne faisait partie d'aucune réunion.

*
* *

COTE - D'OR

6 députés. — 5 républicains.

CARNOT (MARIE-FRANÇOIS-SADI) a été élu député
de la 2e circonscription de Beaune, le 20 février 1876,
par 7,058 voix. Il est né à Limoges, le 11 août 1837.
M. Sadi Carnot, ingénieur distingué, a fait partie de
l'Assemblée nationale ; il est le fils aîné de M. Carnot,
sénateur inamovible et le petit-fils du célèbre Carnot,
ministre de la guerre sous la première République.
M. Sadi Carnot était un des travailleurs de l'ancienne
Chambre dont il a été élu secrétaire en 1876 et en
1877. M. Sadi Carnot a été également secrétaire de la
gauche républicaine.

DUBOIS (François-Auguste) a été élu député de la 1re circonscription de Dijon, le 20 février 1876, par 10,712 voix. Il est né à Arnay-le-Duc, le 28 mars 1814. Il remplit avec beaucoup de dévouement les fonctions de maire de Dijon, pendant la guerre et fut nommé successivement, en 1871, député à l'Assemblée nationale et conseiller général.

M. Dubois, était inscrit à la gauche républicaine.

HUGOT (Louis-Anatole) a été député de Semur, le 20 février 1876, par 8,336 voix. Il est né Montbard, le 3 avril 1826.

Membre du conseil général et maire de Montbard, depuis 1871, M. Hugot fut révoqué de ses fonctions après le 24 mai.

Il était inscrit à la gauche républicaine.

JOIGNEAUX (Pierre) a été élu député de la 1re circonscription de Beaune, le 20 février 1876, par 10,811 voix. Il est né à Ruffey (Côte-d'Or), le 23 septembre 1815. M. Joigneaux prit une part active aux luttes de la presse républicaine contre Louis-Philippe, et fut condamné, en 1838, à 3 ans de prison. M. Joigneaux s'occupait d'agriculture depuis quelques années quand survint la Révolution de 1848; il a fait partie de la Constituante et de la Législative, et aurait été transporté après le coup d'Etat s'il n'était parvenu à gagner la Belgique. Il a été élu député en 1871. M. Joigneaux jouit d'une grande popularité dans son département. Publiciste distingué, M. Joigneaux a publié sur l'agriculture des articles remarqués et remarquables. Il était inscrit à l'Union républicaine.

LEVÊQUE (Henri-Frédéric) a été élu député de la 2e circonscription de Dijon, le 20 février 1876, par 10,276 voix. Il est né à Leris, le 8 avril 1829. Avocat au Barreau de Dijon, M. Levêque fut nommé, en 1871, à l'Assemblée nationale; dans l'ancienne Chambre il a fait partie de nombreuses commissions; il était inscrit à la gauche républicaine.

M. Levêque est secrétaire du conseil général de la Côte-d'Or.

**

COTES-DU-NORD

9 députés. — 4 républicains.

ARMEZ (Louis) a été élu député de la 1re circonscription de Saint-Brieuc, au second tour de scrutin, contre M, Blandin, bonapartiste, et M. Duval, monarchiste, par 8,460 voix. Il est né le 19 août 1838.

M. Armez est ingénieur civil et membre du conseil général.

Il était inscrit à la gauche républicaine.

CARRÉ-KERISOUET (Ernest-Louis-Marie) a été élu député de Loudéac, le 21 mai 1876, par 10,213 voix, après que M. Veillet eût été invalidé.

M. Carré-Kerisouet a été élu en 1869 contre le candidat officiel; pendant la guerre, il s'occupa de l'organisation de l'armée de Bretagne. A l'Assemblée nationale, comme à l'ancienne Chambre, il siégeait au centre gauche.

Il y a peu de temps, M. Carré-Kerisouet a annoncé qu'il abandonnait la vie politique, et M. de Janzé a été désigné à sa place comme candidat républicain.

EVEN (René-Paul) a été élu député de la 1re circonscription de Dinan contre M. de Langle-Beaumanoir, candidat bonapartiste, aujourd'hui préfet, par 6,037 voix. Il est né à Dinan, le 11 mars 1813; et il a été sous-préfet de cette ville après le 4 septembre.

M. Even était inscrit au centre gauche.

HUON a été nommé député de la 1re circonscription de Guingamp, en remplacement de M. le prince de Lucinge de Faucigny, dont l'élection a été invalidée. M. Huon était inscrit au centre gauche.

CREUSE

5 députés. — 5 républicains.

NALÈCHE (Charles-Louis) a été élu député de la 2e circonscription d'Aubusson le 20 février 1876, par 6,580 voix contre M. Cornudet, bonapartiste. Il est né à Aubusson, le 28 juillet 1828.

M. de Nalèche, ancien avocat au Conseil d'Etat et à la Cour de cassation, l'emporta au conseil général, en 1874, contre le fameux du Miral, ancien vice-président du Corps législatif.

Il était inscrit au centre gauche et à la gauche.

FOUROT (Gilbert-Armand) a été élu député de la 1re circonscription d'Aubusson, le 20 février 1876, par

7,697 voix contre M. Sallandrouza de Lamornaix. Il est né à Evaux, le 10 mars 1834; il a été maire d'E-vaux et révoqué après le 24 mai.

M. Fourot était inscrit à la gauche et au centre gauche

NADAUD (Martin) a été élu député de Bourganeuf, le 20 février 1876, contre MM. Coutisson et Bonnin, ce dernier bonapartiste, par 4,083 voix. Il est né à Lamartinèche en 1815. Il compta au premier rang des adversaires de Louis-Philippe, fut élu à la Législative, expulsé après le coup d'Etat. M. Martin Nadaud a été longtemps maçon.

Il fut préfet de la Creuse pendant la guerre, mais échoua aux élections de 1871.

Dans l'ancienne Chambre, il était inscrit à l'extrême gauche; il a voté la proposition d'amnistie pleine et entière.

MOREAU (Jean) a été élu député de Guéret, au second tour de scrutin, par 12,172 voix; il jouit d'une grande popularité dans le département où il est surnommé le *médecin des pauvres*.

Aux élections de 1876, M. Moreau l'emporta sur le général Laveaucoupet.

Il appartenait à l'extrême gauche et a voté l'amnistie pleine et entière.

PARRY (Eugène-Alexandre) a été élu député de Boussac, le 20 février 1876, par 5,641 voix. M. Parry est né à Saint-Julien-le-Châtel, le 2 mai 1822.

En 1876, il l'a emporté à une grande majorité sur M. Lezaud, candidat bonapartiste, et M. de Saint-Thorent, monarchiste.

M. Parry était inscrit à la gauche.

***

DORDOGNE

8 députés. — 2 républicains.

GARRIGAT (JEAN-ZACHARIE-ALBERT), né le 25 février 1839, à Bergerac. La 1re circonscription de l'arrondissement de Bergerac le nomma député le 20 février 1876, par 7,611 voix. Son concurrent était le comte Boudet, bonapartiste.

M. Garrigat, dont les opinions républicaines sont bien connues, est médecin, grand propriétaire, conseiller municipal de sa ville natale et conseiller général.

Pendant la guerre de 70-71, il était chirurgien major des mobilisés de la 2e légion de la Dordogne.

MONTAGUT (MARC-FRANÇOIS-GUILLAUME) est né à Exideuil, le 2 avril 1816. Il fut élu député de la Dordogne, pour la 1re circonscription de l'arrondissement de Périgueux, au second tour de scrutin, le 5 mars 1876, par 6,314 voix. Ancien élève de l'école de Grignon, M. Montagut est un des principaux agriculteurs de son département. Ses principes républicains sont consacrés depuis longtemps, car, envoyé à la Législative par 60,289 voix, il siégea à la Montagne. Après le coup d'Etat contre lequel il protesta, M. Montagut se voua tout entier aux travaux agricoles. Ce n'est qu'au 8 février qu'il consentit à rentrer dans la vie publique, et il obtint 27,145 voix. Au 2 juillet 1871, il se présenta de nouveau, mais M. Magne fut élu. Lors des élections sénato-

riales, on le porta sur la liste républicaine : il eut
200 voix.

Enfin, aux dernières élections, M. Montagut avait
pour concurrent M. Maréchal, légitimiste, et M. Bardy-
Delisle, bonapartiste.

Au second tour de scrutin, il passa contre M. Maréchal, son adversaire bonapartiste s'étant retiré.

***

DOUBS

5 députés. — 4 républicains.

COLIN (GUSTAVE), né à Pontarlier, le 2 août 1814.
Le 20 février 1876, son arrondissement l'envoya siéger à la Chambre par 5,938 voix. M. G. Colin, qui est
avocat, s'est rallié à la République après les épou-
vantables désastres causés par l'Empire. Depuis
cette époque, comme conseiller municipal, comme
conseiller général et comme député, il a constamment soutenu les idées républicaines.

M. Collin était inscrit aux deux réunions du centre gauche et de la gauche.

Son adversaire, aux élections de 1876, était M. X.
Marmier.

GAUDY (FRANÇOIS-ANTOINE-FÉLIX), né à Besançon, le 3 mai 1832.

M. Gaudy est un des grands propriétaires de son
arrondissement et l'un des principaux fondateurs du
Républicain de l'Est.

Le 2 juillet 1871, il se présenta avec une déclaration franchement républicaine. Il fut nommé député, le 7 janvier 1872, par 25,901 voix. La 2º circonscription de Besançon lui donnait 9,173 voix le 20 février 1876.

M. Gaudy faisait partie de la gauche.

GRÉVY (ALBERT), né à Mont-sous-Vaudrey (Jura), appartient à l'une des meilleures familles de la Franche-Comté. Frère de l'illustre président de la Chambre, M. Albert Grévy est depuis longtemps avocat à Besançon. Il a été bâtonnier de l'Ordre. Le 8 février 1871, il était envoyé à l'Assemblée par 36,940 voix, et ses collègues de la gauche républicaine ne tardaient pas à le prendre pour président de leur réunion. En février 1876, la 1re circonscription de Besançon le nomma par 6,985 voix.

Toute la profession de foi de M. Albert Grévy peut se résumer dans ces mots qu'il prononçait il y a quelques années :

« J'ai toujours été, je suis, je mourrai républicain. »

Est-ce la peine d'ajouter que pas un candidat sérieux n'oserait se présenter contre lui? Voici, du reste, ce qui peut servir d'exemple : l'ex-général Roland a pu réunir à peine 1,658 voix !

VIETTE (FRANÇOIS), élu par l'arrondissement de Montbéliard, le 20 février 1876. Il avait pour adversaire M. Grosjean, ex-préfet et député du Haut-Rhin, mais il eut sur lui une majorité de plus de 4,000 voix.

M. F. Viette est un sincère républicain. Sous l'Empire, il prouva la sincérité de ses convictions par de vaillants articles parus dans le *Doubs*. Il fut aussi l'un des principaux rédacteurs du *Républicain de l'Est* et de la *Démocratie franc-comtoise*. Pendant la guerre, il faisait partie d'un bataillon de mobilisés. Ajoutons que depuis 1871, il est membre du conseil général pour le canton de Blamont.

***

DROME

5 députés. — 4 républicains.

CHEVANDIER (Antoine-Daniel), né à Serres (Hautes-Alpes), le 27 mai 1822.

M. Chevandier, qui est un médecin très-distingué, s'établit dans la Drôme vers 1848. Au 4 septembre, le gouvernement de la Défense nationale le nomma sous-préfet de Saint-Dié, mais il se démit de ses fonctions pour poser sa candidature lors des élections de 1871. Il obtint 35,717 voix. Le 20 février 1876, l'arrondissement de Saint-Dié l'envoyait de nouveau siéger à la Chambre par 11,005 voix.

M. Chevandier faisait partie de la gauche avec laquelle il a toujours voté.

LOUBET (Emile), avocat, docteur en droit, membre du conseil général, est né à Marsanne, le 31 décembre 1838.

Le 20 février 1876, l'arrondissement de Montélimar le nommait député par 13,295 voix.

M. Loubet, dont les opinions républicaines sont connues, appartenait à la gauche.

MADIER DE MONTJAU (Noel-François-Alfred), avocat, né à Nîmes, le 1er août 1814. M. Madier de Montjau, l'une des personnalités les plus remarquables du parti républicain, fut élu représentant du peuple à la Législative par le département de

Saône-et-Loire. Au coup d'Etat, il défendit énergiquement la Constitution violée par le Président, fut expulsé de France et se réfugia en Belgique. Il ne revint dans son pays qu'après la chute de l'Empire.

Le 8 novembre 1874, M. Madier de Montjau se présenta dans la Drôme, et il obtint 39,963 voix. Au 20 février 1876, la 1ʳᵉ circonscription de Valence le nommait par 12,794 voix.

M. Madier de Montjau appartenait à l'extrême gauche.

SERVAN (EUGÈNE), négociant, président du tribunal de Romans, vice-président du conseil général, est né à Chanas-Curson, le 13 juillet 1823. Le 20 février 1876, la 2ᵉ circonscription de Valence le nommait député par 10,367 voix. Il avait pour adversaires MM. de Marcieu, royaliste, et Monnier de La Sizeranne, bonapartiste.

M. Servan siégeait à gauche.

*\
* *

EURE

6 députés. — 3 républicains.

LEPOUZÉ (JEAN-LOUIS), ancien avoué, ancien maire d'Evreux, est né à Cintray, le 20 février 1821.

Pendant l'occupation prussienne, époque à laquelle il était maire, M. Lepouzé eut l'occasion de rendre les plus grands services à ses concitoyens qui le nommèrent conseiller général.

Le 11 février 1872, il fut élu à l'Assemblée par 32,261 voix et alla siéger dans les rangs de la gauche avec laquelle il a toujours voté. La première circonscription d'Evreux, au 20 février 1876, l'a de nouveau nommé député par 8,732 voix.

Porté aux élections sénatoriales sur la liste républicaine, M. Lepouzé échoua au second tour de scrutin; au premier tour, il avait obtenu 311 voix contre 303 données à M. de Broglie.

Nous devons ajouter que M. Lepouzé a été révoqué par M. de Fourtou, à la veille du voyage du Maréchal-Président en Normandie.

OSMOY (CHARLES-FRANÇOIS, COMTE D') a été élu député de Pont-Audemer, le 20 février 1876, par 9,950 voix, contre M. Hébert, orléaniste. Il est né à Osmoy, le 19 août 1827. M. d'Osmoy a fait partie de l'Assemblée nationale et a pris souvent la parole dans les questions de théâtres et de beaux-arts. Il échoua aux élections sénatoriales avec M. Lepouzé.

M. d'Osmoy siégeait au centre gauche.

PAPON (ALEXANDRE), ancien négociant, juge au tribunal de commerce, conseiller municipal d'Evreux membre du conseil général, est né à Evreux, le 5 septembre 1821. Républicain de vieille date, il fut déporté au 2 décembre, et ne cessa de combattre le régime impérial.

Au 8 février 1871, il eut 18,309 voix; il se représenta devant les électeurs au 20 février 1876, et la 2e circonscription d'Evreux lui donna 7,555 voix.

M. Papon avait pour adversaire M. de Barrey, sur lequel il obtint une grande majorité.

Il faisait partie de la gauche.

* *
*

EURE-ET-LOIR

5 députés. — 5 républicains.

DREUX-LINGET (Pierre-Honoré), agriculteur, secrétaire du conseil général, président du comice agricole de Chateaudun, maire de Cormainville, est né à Villampuy, le 22 avril 1829. L'arrondissement de Chateaudun l'a nommé député le 20 février 1876, par 10,510 voix. M. Dreux-Linget avait pour concurrent M. Amédée Lefèvre-Pontalis, qui n'eut qu'une infime minorité.

Il appartenait à la gauche.

GATINEAU (Louis-André-Ferdinand), avocat du Barreau de Paris, est né à Beaufrançais, le 13 juillet 1828. On n'a pas oublié l'opposition constante qu'il fit à l'Empire. Dans un grand nombre de procès politiques, il plaida pour les accusés républicains.

En 1869, il fut candidat de l'opposition pour l'Eure-et-Loir, mais il ne réunit que 3,000 voix; au 8 février 1871, il en eut 14,025, sans être nommé; enfin, le 5 mars 1876, l'arrondissement de Dreux l'envoyait siéger à la Chambre par 9,205 voix.

M. Gatineau faisait partie de l'Union républicaine.

MANNOURY (Jacques-Hippolyte-Pol), avocat, est né à Chartres, le 30 juin 1824. Substitut du procureur de la République après 1848, il se démit de ses fonctions au coup d'Etat.

La 2ᵉ circonscription de Chartres l'a nommé, le 20 février 1876, par 7,623 voix.

Il siégeait à gauche.

PARFAIT (NOEL), écrivain des plus distingués, né à Chartres, le 28 novembre 1813. Depuis sa jeunesse il a combattu pour le parti républicain. Il fut nommé à la Législative par 22,766 voix. Expulsé au coup d'Etat, M. Noël Parfait se retira à Bruxelles, où il se consacra à des travaux littéraires, et fut l'un des principaux collaborateurs d'Alexandre Dumas.

Le 8 février 1871, il était élu député par 22,663 voix. Au 20 février 1876, la 1ʳᵉ circonscription de Chartres le nomma par 8,292 voix.

M. Noël Parfait siégeait à gauche.

TRUELLE (CHARLES), ancien négociant, ancien membre de la chambre de commerce de Paris, membre du conseil général pour le canton de Thiron-Gardais, président de la commission départementale, maire de Candreceau, est né à Paris, le 20 février 1816.

M. Truelle s'est rallié complètement à la République depuis 1870. Sa candidature, en 1876, a été appuyée par M. Noël Parfait, et l'arrondissement de Nogent-le-Rotrou l'a nommé par 6,974 voix.

Il faisait partie de la gauche.

***

FINISTÈRE

10 députés. — 7 républicains.

ARNAULT (GEORGES-MARIE), membre du conseil général, président du comice agricole de Pont-l'Abbé, est né à Pont-l'Abbé, le 9 juin 1832. La 2ᵉ circonscription de Quimper l'a nommé, le 20 février 1876, par 7,832 voix. Il obtint sur son adversaire, M. Bolloré, monarchiste, une grande majorité.

M. Arnoult siégeait à gauche.

GASTÉ (JOSEPH-ALEXANDRE-ADELAIRE DE), ancien élève de l'Ecole polytechnique, ingénieur de 1ʳᵉ classe de la marine, ancien avocat au Barreau de Paris, ancien membre républicain du conseil général de Cherbourg, est né à Alençon (Orne), le 30 août 1811. Il protesta contre le coup d'Etat et fut mis en retrait d'emploi. En 1863 et 1869, il posa, mais sans succès, sa candidature dans la Manche, dans le Finistère et à Paris. Il refusa, le 8 février 1871, de se laisser porter sur la même liste que M. Daru. La 1ʳᵉ circonscription de Brest, au second tour de scrutin, le 5 mars 1876, l'a envoyé à la Chambre par 4,904 voix.

Il siégeait au centre gauche.

GUYHO (CORENTIN-LÉONARD-MARIE), docteur en droit, avocat au Conseil d'Etat et à la Cour de cassation, est né à Jonzac (Charente-Inférieure), le 7 juin 1844.

L'arrondissement de Quimper l'a élu par 5,229 voix le 20 février 1876.

M. Corentin Guyho faisait parti du centre gauche.

HÉMON (LOUIS), avocat, fondateur du journal *Le Finistère*, est né à Quimper, le 25 février 1844. Il est le chef du parti républicain dans son département.

Il s'engagea lors de la guerre de 1870 et vint prendre part à la défense de Paris.

En 1871, M. Hémon ne fut pas élu, mais il obtint 29,441 voix. Au 20 février 1876, la 1ʳᵉ circonscription de Quimper le nommait par 5,219 voix.

Il appartenait à la gauche.

NÉDELLEC (Joseph), ancien notaire, maire de Carhaix, révoqué par le gouvernement de combat, est né à Plouzé, le 7 octobre 1821.

La 2ᵉ circonscription de Chateaulin l'a nommé, le 20 février 1876, par 5,331 voix. Son concurrent était M. de Legge, monarchiste, contre lequel il obtint une grande majorité.

M. Nédellec faisait partie du centre gauche

POMPÉRY (Théophile de), agriculteur distingué, membre du conseil général du Finistère, est né à Courcelle (Aisne), en 1814.

M. de Pompéry, dont les idées républicaines sont connues, collabora au *Phare de la Loire*. Il eut 30,816 voix au 8 février, et fut réélu le 2 juillet suivant par 57,571 voix.

Le 20 février 1876, la 1ʳᵉ circonscription de Chateaulin le nommait par 5,697 voix.

M. de Pompéry, siégeait à gauche.

SWINEY (Gustave), agriculteur, membre du conseil général, maire révoqué par le gouvernement de l'ordre moral, est né à Bordeaux, le 11 janvier 1808.

Il se présenta à une élection partielle en 1873 et fut élu par 62,788 voix.

Le 20 février 1876, la 1ʳᵉ circonscription de Morlaix l'envoyait à la Chambre par 7,611 voix.

M. Swiney siégeait à gauche.

***

GARD

6 députés. — 4 républicains.

BOUSQUET (Victor-Alphonse-Jean), avocat au Barreau de Nîmes, docteur en droit, bâtonnier de l'Ordre, membre du conseil général, sous-préfet d'Uzès après le 4 septembre, est né à Saint-Hippolyte, le 20 avril 1839. Aux élections du 8 février 1871, il eut 43,319 voix.

La 2ᵉ circonscription de Nîmes l'a nommé député, le 20 février 1876, par 14,009 voix.

Il siégeait à gauche.

DUCAMP (Pierre-Paul-Eugène), avocat, membre du conseil général, est né à Lascaux, le 5 juin 1820. Proscrit du 2 décembre, à sa rentrée en France il fut nommé directeur d'une compagnie d'assurance à Nîmes, et préfet de la Nièvre par le gouvernement de la Défense nationale.

Il ne fut pas élu au 8 février 1871; cependant il obtint 49,905 voix.

La 1ʳᵉ circonscription d'Alais l'a envoyé comme député à la Chambre, le 20 février 1876, par 9,151 voix.

Il faisait partie de la gauche.

MALLET (Pierre-Auguste-Gédéon), docteur en médecine, ancien chirurgien de la marine, membre du conseil général, est né à Bagnols-sur-Cèze le 26 novembre 1816! M. Mallet a constamment donné l'exemple du dévouement et du patriotisme.

L'arrondissement d'Uzès l'a nommé député, le 20 février 1876, par 11,233 voix. Il avait pour concurrent le fameux M. Numa Baragnon, et M. Claudius Jacquet, bonapartiste.

M. Mallet appartenait à la gauche.

PELLET (Eugène-Antoine-Marcellin), avocat, né à Saint-Hippolyte-du-Fort, le 4 mars 1849.

L'arrondissement du Vigan, le 20 février 1876, l'a nommé par 8,655 voix.

M. Marcellin Pellet, l'un des plus jeunes membres de la Chambre, était inscrit à l'Union républicaine.

***

GARONNE (Haute-)

7 députés. — 4 républicains.

CAZE (Edmond-Marie-Justin), docteur en droit, avocat au Barreau de Toulouse, membre de la Société d'agriculture de la Haute-Garonne, ancien conseiller général, est né à Toulouse, le 16 septembre 1839.

Il fut élu, au second tour de scrutin, le 5 mars 1876, pour l'arrondissement de Villefranche, par 6,712 voix.

M. Caze faisait partie de la gauche.

CONSTANT (Jean-Antoine-Ernest), avocat, professeur de droit à la faculté de Douai, à la faculté de Dijon, puis professeur agrégé à la faculté de droit de Toulouse, adjoint au maire de cette ville avant le 24 mai, est né à Béziers (Hérault), le 3 mai 1833.

Au second tour de scrutin, le 3 mars 1876, la 1re circonscription de Toulouse le nommait par 6,489 voix.

M. Constant était de la gauche.

DUPORTAL (Pierre-Jean-Louis-Armand), publiciste, préfet après la chute de l'Empire, est né à Toulouse, le 17 février 1814. Dans sa longue et importante carrière de journaliste, ce défenseur de la démocratie eut à subir de nombreuses condamnations politiques. Il fut transporté en Afrique au coup d'Etat.

Aux élections de 1869 et de 1871, il se présenta, mais ce vaillant lutteur ne fut élu que le 5 mars 1876, au second tour de scrutin, par la 2e circonscription de Toulouse, avec 6,512 voix.

Il siégeait à l'extrème gauche.

RÉMUSAT (Paul-Louis-Étienne), fils de feu Charles de Rémusat, l'ancien ministre de M. Thiers, est né à Paris, le 13 novembre 1831. Sous l'Empire, dans la Haute-Garonne, il prit part aux luttes du parti libéral. Il posa sa candidature en 1869, mais il échoua. M. de Rémusat était secrétaire de M. Thiers lorsque l'illustre homme d'Etat parcourait l'Europe pour provoquer les sympathies en faveur de la France.

Le 8 février 1871, il fut élu député par 83,428 voix.

Le 20 février 1876, 11,521 voix de l'arrondissement de Muret l'envoyaient de nouveau à la Chambre.

M. de Rémusat siégeait au centre gauche qui l'avait choisi pour vice-président.

*
* *

GERS

5 députés. — 1 républicain.

DESCAMPS (ALBERT-BERNARD), avocat, ancien maire, membre du conseil général, est né à Lectoure, le 13 octobre 1833.

L'arrondissement de Lectoure l'a nommé député par 6,465 voix, le 20 février 1876. C'est le seul député républicain que comptait le département du Gers.

Il faisait partie de la gauche et de l'Union républicaine.

*
* *

GIRONDE

10 députés. — 6 républicains.

DUPOUY (BERNARD-EUGÈNE-ALEXANDRE), riche propriétaire, avocat, membre du conseil général, est né à Bordeaux, le 1er juillet 1825. Elu député, le 27 avril 1873, par 75,153 voix, il se présenta le 20 février 1876, et la 3º circonscription de Bordeaux l'a nommé par 12,306 voix.

Il appartenait à la gauche.

LALANNE (Jean-Baptiste-Ernest), docteur en médecine, conseiller général, révoqué comme maire par M. de Broglie, est né à Cautras, le 2 octobre 1827.

La 2e circonscription de Libourne l'a nommé, au 20 février 1876, par 7,475 voix.

Il siégeait à gauche.

LUR-SALUCES (Thomas-Joseph-Henry, comte de), ancien officier de cavalerie, ancien vice-président du conseil général, grand propriétaire, est né à La Réole, le 11 décembre 1808.

La 4e circonscription de Bordeaux l'a élu, le 20 février 1876, par 10,917 voix. Il avait pour concurrent M. de Carayon-Latour, légitimiste.

M. de Lur-Saluces, faisait partie du centre gauche.

MIE (Louis) a été élu, en 1877, député de la 2e circonscription de Bordeaux, en remplacement de M. Sansas, décédé. M. Louis Mie est un avocat de talent, inscrit au Barreau de Périgueux, il a pris part à toutes les luttes de la démocratie contre l'Empire. Il était inscrit à l'extrème gauche.

ROUDIER (Bernard), avocat, docteur en droit, conseiller général, l'un des grands propriétaires du département, est né à Juillac, le 25 avril 1823. M. Roudier est un républicain de vieille date. Il donna sa démission de procureur de la République à Libourne pour ne pas servir l'Empire. Il fut élu député, le 29 mars 1874, par 68,877 voix. La 1re circonscription de Libourne l'a nommé, le 20 février 1876, par 7,833 voix.

M. Roudier était de la gauche.

SIMIOT (Alexandre-Etienne), ancien représentant de la Constituante, exilé au 2 décembre, adjoint au maire de Bordeaux après le 4 septembre, publiciste distingué, est né à Bordeaux, le 10 janvier 1871.

Il fut élu député par 76,841 voix, au second tour de scrutin, le 2 juillet 1871.

La 1ʳᵉ circonscription de Bordeaux, l'a nommé, le 30 avril 1876, en remplacement de M. Gambetta, par 3,434 voix.

M. Simiot siégeait à gauche.

*
* *

GUADELOUPE

1 député. — 1 républicain.

LACASCADE (Etienne-Théodore), médecin de la marine, est né à Saint-Français-Grand'Terre (Guadeloupe), le 2 janvier 1841.

Le 4 juillet 1875, au second tour de scrutin, il fut élu par 3,593 voix. Le 15 mars 1876, il était élu de nouveau par 3,767 voix.

M. Lacascade appartenait à l'Union républicaine.

*
* *

HÉRAULT

6 députés. — 4 républicains.

CASTELNAU (Albert), l'un des plus grands propriétaires du département, ancien rédacteur en chef de la *Liberté*, journal républicain de Montpellier, conseiller général, est né à Montpellier, le 25 septembre 1823.

Aux élections du 8 février 1871, il obtint 38,668 voix, et fut élu, le 2 juillet suivant, par 51,863 voix.

La 1re circonscription de Montpellier l'a nommé, par 12,506 voix, le 20 février 1876.

M. Castelnau siégeait à l'Union républicaine.

DEVÈS (PIERRE-PAUL), avocat, conseiller général, est né à Aurillac, le 3 novembre 1837. Il a été élu, dans la 2e circonscription de Béziers, le 20 février 1876, par 11,325 voix.

M. Devès appartenait à la gauche et à l'Union républicaine.

LISBONNE (EUGÈNE), avocat, bâtonnier de l'Ordre, vice-président du conseil général, et de la commission départementale, est né à Nyons (Drôme), le 2 août 1818. En 1848, il fut nommé procureur de la République à Béziers. Au coup d'Etat, on le déporta, sans jugement, en Algérie.

Après le 4 septembre, M. Lisbonne, fut nommé préfet. Il échoua aux élections sénatoriales, mais la 2e circonscription de Montpellier le nomma député, le 20 février 1876, par 10,914 voix.

Il siégeait à gauche.

VERNHES (EMILE-HERCULE), docteur en médecine, membre du conseil général, ancien sous-préfet de la Défense nationale, est né à Béziers, le 20 octobre 1820. Le 20 février 1876, la 1re circonscription de Béziers l'a nommé par 9,766 voix.

M. Vernhes faisait partie de l'extrême gauche.

***

ILLE-ET-VILAINE

8 députés. — 5 républicains.

BRICE (René-Joseph), avocat, adjoint au maire de Rennes, à la fin de 1870, est né à Rennes, le 23 juin 1839.

Au 8 février 1871, M. René Brice fut élu par 102,540 voix. L'arrondissement de Redon l'a nommé par 11,981 voix, le 20 février 1876.

Il siégeait au centre gauche.

DURAND (Eugène) a été nommé, en 1877, député de la 2e circonscription de Saint-Malo, en remplacement de M. Le Pommelec, décédé. M. Durand est professeur de droit à la Faculté de Caen. Il est l'auteur de plusieurs ouvrages de droit très-estimés.

M. Durand siégeait au centre gauche.

MARTIN-FEUILLÉE (Félix), avocat, membre du Conseil général, est né à Rennes, le 25 novembre 1830.

Le 8 février 1871, il ne fut pas élu, mais il obtint 21,264 voix. 10,777 suffrages le nommèrent député de la 2e circonscription de Rennes, le 20 février 1876.

M. Martin-Feuillée faisait partie de la gauche.

PINAULT (Eugène-Marie) a été élu député de Montfort, le 20 février 1876, contre M. Le Cintre, monarchiste. Il est né à Rennes, le 10 mai 1834. M. Pinault est un grand industriel, il est un secrétaire du conseil général.

M. Pinaud siégeait au centre gauche.

ROGER-MARVAISE (THÉOPHILE-RENÉ), avocat au Conseil d'Etat et à la Cour de cassation, jurisconsulte distingué, est né à Saint-Etienne-en-Cogbès, le 7 juillet 1831.

Il fut élu, au second tour de scrutin, le 2 juillet 1871, par 52,128 voix.

M. Roger-Marvaise a été porté sur la liste républicaine pour les élections sénatoriales.

La 1re circonscription de Rennes l'a nommé, par 8,863 voix, le 20 février 1876.

Il siégeait à gauche.

***

INDE FRANÇAISE

1 député. — 1 républicain.

GODIN (JULES), avocat au Conseil d'Etat et à la Cour de cassation, est né à Versailles, en 1844.

M. Godin est avocat de la ville de Pondichéry, c'est ce qui l'a fait choisir comme député.

Il a eu, le 14 mars 1876, 18,615 voix sur 18,690.

Il siégeait au centre gauche.

*

—

INDRE

5 députés. — 2 républicains.

BOTTARD (Jean-Alphonse), ancien avoué, avocat, est né à Châteauroux, le 16 avril 1819.

Le 8 février 1871, il fut élu député par 33,767 voix, et le 25 mars 1876, au second tour de scrutin, la 1re circonscription de Châteauroux le nommait par 5,085 voix.

Il faisait partie du centre gauche.

LECONTE (Alfred-Etienne), industriel, littérateur distingué, conseiller général, est né à Vatan, le 21 décembre 1824.

L'arrondissement d'Issoudun l'a élu député par 6,676 voix, le 20 février 1876.

M. Leconte siégeait à gauche.

*
**

INDRE-ET-LOIRE

4 députés. — 4 républicains.

BELLE (Antoine-Dieudonné), avocat, riche propriétaire, membre du conseil général, est né à Montlouis-sur-Loire, le 8 décembre 1824.

La 1re circonscription de Tours l'a nommé, le 20 février 1876, par 11,078 voix.

M. Belle s'était présenté aux élections de février 1871.

Il siégeait à gauche.

GUINOT (CHARLES), grand entrepreneur de chemins de fer, président du conseil général, ancien maire d'Amboise, est né à Amboise, le 17 octobre 1827. Il se présenta aux élections du 8 février 1871 et fut élu par 35,265 voix. Le 20 février 1876, 17,373 voix de la 2e circonscription de Tours le nommaient député.

M. Charles Guinot faisait partie de la gauche.

JOUBERT (LÉON), docteur en médecine, ancien maire de Chinon, est né à Huismes, le 9 mai 1814. Il ne réussit pas aux élections du 8 février 1871, mais il fut élu, au second tour de scrutin, avec 10,878 voix, le 5 mars 1876, par l'arrondissement de Chinon.

M. Joubert était de la gauche.

WILSON (LÉON), grand propriétaire, commandant d'un bataillon de mobiles en 1870, est né à Paris, le 6 mars 1840.

Il fut élu député par 31,302 voix au 8 février 1871.

L'arrondissement de Loche l'a nommé le 20 février 1876, par 8,274 voix.

M. Wilson faisait partie de la gauche qui l'avait choisi comme secrétaire. Membre de la commission du budget de 1876, il a pris une part très-importante à toutes les discussions de finances et de chemins de fer.

***

ISÈRE

8 députés. — 8 républicains.

AUTHOARD (Jean-Augustin-Adolphe), agriculteur, ancien maire de Grenoble, membre du conseil général, est né à Lus-la-Croix-Haute (Drôme), le 3 septembre 1807.

Le 8 février 1871, il obtint 47,363 voix.

La 2e circonscription de Grenoble l'a nommé, le 20 février 1876, par 8,329 voix.

M. Authoard siégeait à gauche.

BRAVET (Ambroise), agriculteur, ancien notaire, ancien maire de Chapareillan, membre du conseil général, est né à Chapareillan, le 30 juin 1820.

Le 20 février 1876, M. Bravet a été élu, dans la 1re circonscription de Grenoble, par 11,550 voix.

Il siégeait à gauche.

BRETON (Paul), grand industriel, est né à Grenoble, le 30 septembre 1806. Il a été élu, le 8 février 1871, par 63,149 voix, puis le 20 février 1876, dans la 3e circonscription de Grenoble, par 7,808 voix.

M. Breton appartenait à la gauche.

BUYAT (Etienne), avocat, ancien maire de Chaponnay, vice-président du conseil général, né à Chaponnay, le 8 juillet 1831. Au 8 février 1871, il obtint

47,156 voix. La 1re circonscription de Vienne l'a élu, le 20 février 1876, par 9,791 voix.

Il siégeait à gauche.

COUTURIER (Henri-Jean-Baptiste), docteur en médecine, vice-président du conseil général, est né à Vienne, le 17 juillet 1813.

La 2e circonscription de Vienne l'a nommé, le 20 février 1876, par 10,761 voix.

Il faisait partie de la gauche.

MARION (Joseph-Edouard de Faverges), avocat, ancien agent de change à Marseille, commissaire de la Défense nationale dans l'Isère et commandant de mobilisés de ce département pendant la guerre, est né à Grenoble, le 27 décembre 1829. En 1869, candidat de l'opposition, il fut élu par 15,405 voix. Son élection ayant été annulée, ses électeurs le réélirent par 17,909 voix.

La 2e circonscription de La Tour-du-Pin l'a nommé, le 20 février 1876, par 7,994 voix.

Il appartenait à la gauche et à l'Union républicaine.

REYMOND (Joseph-Ferdinand), avocat, ancien préfet de la République en 1848, ancien membre de de l'Assemblée législative, est né à La Tour-du-Pin, le 14 décembre 1805.

Il fut élu député, le 8 février 1871, par 61,387 voix.

La 1re circonscription de La Tour-du-Pin l'a nommé, le 20 février 1876, par 10,098 voix.

Il siégeait à gauche.

RIONDEL (Louis-Fabin), avocat, ancien maire, est né à Saint-Marcellin, le 24 avril 1824. Il fut nommé, comme candidat de l'opposition, député au Corps

législatif, en 1867, à une élection partielle, et fut
réélu en 1869. En février 1871, ses électeurs l'envoyaient à l'Assemblée avec 95,025 voix, et le 20 février 1876, l'arrondissement de Saint-Marcellin le
nommait par 14,151 voix.

Il siégeait à gauche.

*
* *

JURA

4 députés. — 4 républicains.

GAGNEUR (Eudes-Charles-Wladimir), né à Poligny, le 9 août 1807. Arrêté au coup d'Etat, il fut
condamné à dix années de déportation à Cayenne,
qui furent commuées en exil. Il fut nommé député
en 1869. Au 8 février 1871, il n'obtint pas la majorité nécessaire, mais le 27 avril 1873, il venait à l'Assemblée par 43,209 voix. Le 20 février 1876, il fut élu
dans l'arrondissement de Poligny, par 9,521 voix.

Il appartenait à la gauche.

GRÉVY (François-Paul-Jules), avocat, né à
Mont-sous-Vaudrey (Jura), le 15 août 1813. C'est une
personnalité tellement grande et tellement connue,
que les détails biographiques sur son compte sont à
peu près inutiles. Nous rappellerons sommairement
qu'en 1830, il était avec les combattants de juillet;
qu'en 1848, il fut nommé commissaire du gouvernement dans le Jura, puis membre de la Constituante.
Vice-président de l'Assemblée, il prit part aux dis-

cussions les plus importantes. On n'a pas oublié le fameux amendement qui porte son nom, et qui, s'il eût été adopté, eût certainement changé les destinées de notre pays. M. Grévy fit aussi partie de la Législative. Au coup d'Etat, il fut arrêté et emprisonné à Mazas. Bâtonnier de l'Ordre des avocats en 1868, il fut nommé, une année après, député au Corps législatif. En 1871, deux départements, le Jura et les Bouches-du-Rhône le nommèrent député, et Paris lui donnait 50,000 voix; le 16 février 1871, il était appelé à la présidence de l'Assemblée, poste qu'il abandonna le 2 avril 1873.

Le 20 février 1876, il était élu dans l'arrondissement de Dôle, par 12,417 voix. Le 9 mars, par 462 voix sur 468, il était nommé président de la Chambre. Un de ses biographes a dit avec raison : « M. Jules Grévy est l'honneur et la gloire la plus pure du parti républicain. »

LAMY (ETIENNE-MARIE-VICTOR), avocat, né à Cizet, le 2 juin 1845. Il a fait, comme volontaire, la campagne de 1870-71. Il fut élu député, le 8 février 1871, par 22,192 voix. L'arrondissement de Saint-Claude l'a nommé, le 20 février 1876, par 8,025 voix.

M. Lamy a été secrétaire de la Chambre. Il siégeait à gauche.

LELIÈVRE (ADOLPHE-ACHILLE), avocat, membre du conseil général, est né à Besançon, le 25 juillet 1836.

Au 8 juillet 1871, il eut 8,507 voix.

Le 20 février 1876, l'arrondissement de Lons-le-Saulnier l'a nommé par 7,595 voix.

Il faisait partie de la gauche.

***

LANDES

5 députés. — 2 républicains.

LEFRANC (Bernard-Edme-Victor-Etienne), avocat, commissaire dans les Landes en 1848, membre de la Constituante, de la Législative, ministre de l'agriculture et du commerce, puis ministre de l'intérieur en 1871-1872, est né à Garlin (Basses-Pyrénées), le 2 mars 1809. En 1869, il se porta candidat, contre le fameux M. Guilloutet. Le 8 février 1871, il fut élu par 57,586 voix, et le 20 février 1876, dans la 2ᵉ circonscription de Mont-de-Marsan, par 5,043 voix.

M. Victor Lefranc siégeait à gauche.

LOUSTALOT (Gustave), avocat, quatre fois bâtonnier de l'Ordre, sous-préfet après le 4 septembre, est né à Dax, en 1826. Il fut élu député, le 2 juillet 1871, par 28,731 voix, et dans la 1ʳᵉ circonscription de Dax, le 21 mai 1876, par 6,066.

M. Loustalot appartenait à la gauche.

***

LOIRE

7 députés. — 7 républicains.

BERTHOLON (César), ancien négociant, l'un des fondateurs, à Lyon, de la Société démocratique des

Droits de l'Homme, propriétaire et rédacteur du *Censeur*, ancien membre de la Constituante et de la Législative, est né à Lyon, le 18 janvier 1808. Au coup d'Etat il fut interné en Algérie, où il s'établit et devint conseiller municipal d'Alger.

Il se présenta, en 1869, aux élections dans la Loire et il n'échoua qu'au scrutin de ballotage.

Au 4 septembre, il fut nommé préfet, mais il donna sa démission à la paix, et, en 1872, il posait, mais sans succès, sa candidature à Alger contre celle de M. Crémieux. La première circonscription de Saint-Etienne l'a élu, le 20 février 1876, par 7,865 voix.

Il siégeait à l'extrême gauche.

BROSSARD (ETIENNE), ingénieur civil, membre du conseil général, est né à Pouilly-sous-Charlieu, le 16 mars 1839. Il a été nommé, pour la 2ᵉ circonscription de Roanne, le 20 février 1876, par 10,680 voix.

Il appartenait à la gauche.

CHEVASSIEU (JEAN-BAPTISTE), propriétaire, ancien maire de Montbrison, vice-président du conseil général, est né à Montbrison, le 16 octobre 1814. Il fut élu député, le 2 juillet 1871, par 47,357 voix et le 20 février 1876, pour la 1ʳᵉ circonscription de Montbrison, par 7,939 voix.

Il siégeait à gauche.

CHERPIN, avocat et grand propriétaire, ancien juge, vice-président du conseil général, est né à Sevelinge, le 8 mars 1813.

M. Cherpin, a été élu député, le 2 juillet 1871, par 46,489 voix et le 20 février 1876, pour la 1ʳᵉ circonscription de Roanne, par 9,705 voix.

Il siégeait à gauche.

CROZET-FOURNEYRON (Emile), grand industriel, conseiller municipal et conseiller général, est né à Saint-Etienne, le 22 avril 1837.

Le 20 février 1876, la 2ᵉ circonscription de Saint-Etienne, l'a nommé par 10,507 voix.

Il faisait partie de la gauche et de l'Union républicaine.

REYMOND (Francisque), ingénieur civil, membre du conseil général, né à Montbrison, le 15 mai 1829. Il fut élu député, le 12 octobre 1873, par 61,480 suffrages, et le 20 février 1876, pour la 2ᵉ circonscription de Montbrison, par 9,334.

M. Reymond siégeait à gauche.

RICHARME (Petrus), industriel, conseiller municipal et conseiller général, né à Rive-de-Gier, le 17 septembre 1833. La 3ᵉ circonscription de Saint-Etienne l'a nommé, le 20 février 1876, par 9,820 voix.

Il siégeait à gauche.

***

LOIRE (Haute-)

4 députés. — 3 républicains.

GUYOT-MONTPAYROUX (Léonce), licencié en droit, publiciste, rédacteur en chef du *Courrier de France,* est né à Brioude, le 14 janvier 1839. Il fut élu député, au second tour de scrutin, en 1869, par

18,946 voix. Au 20 février 1871, il obtint 11,615 voix, mais il ne fut pas élu.

La 1re circonscription du Puy l'a nommé, le 21 mai 1876, par 7,156 voix.

Il appartenait au centre gauche et à la gauche.

MAIGNE (Julien-Louis-Jules), ancien professeur, ancien représentant à la Législative, est né à Brioude, le 25 août 1816.

Lors de l'insurrection du 13 juin 1849, il fut arrêté, condamné à la déportation et détenu à Belle-Isle. Il se présenta aux élections de 1871, mais il ne fut pas élu. Le 20 février 1876, l'arrondissement de Brioude l'a nommé par 13,040 voix.

M. Maigne siégait à l'extrême gauche.

VISSAGUET (Marie-Xavier-Ernest), avocat, conseiller général, ancien procureur de la République après le 4 septembre, est né au Puy, le 4 novembre 1834. Il se porta le 8 février 1871 et obtint 13,802 voix; le 20 février 1876, la 2e circonscription du Puy l'a élu par 7,666 voix.

Il appartenait à l'Union républicaine.

***

LOIR-ET-CHER

4 députés. — 4 républicains.

DUFAY (Jean-François-Charles), docteur en médecine, ancien rédacteur du *Républicain de Loir-et-*

Cher, ancien maire de Blois, est né à Blois, le 24 juin 1815.

M. Dufay fut élu député, le 2 juillet 1871, par 30,443 voix, et le 20 février 1876, pour la 1re circonscription de Blois, par 10,847.

Il siégeait à gauche.

LESGUILLON (Pierre-Eugène), avocat, ancien procureur de la République, est né à Gien, le 28 octobre 1811. Le 11 mai 1873, il fut nommé par 35,821 voix, et le 5 mars 1876, au second tour de scrutin, l'arrondissement de Romorantin l'envoyait à la Chambre avec 5,672 voix.

Il appartenait à la gauche.

SONNIER (Edouard-Charles-Antoine de), avocat, grand propriétaire, membre du conseil général, est né à Blois, le 19 avril 1828.

Il fut élu député, le 20 février 1876, pour l'arrondissement de Vendôme, par 9,990 voix.

M. de Sonnier siégeait à gauche.

TASSIN (Pierre), ancien rédacteur de la *Presse*, est né à Noyers, le 24 janvier 1837. Il fut élu député, en 1869, comme candidat indépendant. Il a été nommé, le 8 février 1871, par 17,989 voix, et le 20 février 1876, pour la 2e circonscription, par 9,907 voix.

M. Tassin appartenait à la gauche et au centre gauche, et il a fait partie des commissions chargées d'examiner les différentes questions de chemins de fer.

***

LOIRE-INFÉRIEURE

8 députés. — 2 républicains.

LAISANT, capitaine du génie, conseiller général, né à Nantes, en 1840. M. Laisant appartient à une famille qui, depuis longtemps, a soutenu la cause de la démocratie. Pendant le siége de Paris, il fut fait commandant du génie et se trouva constamment à l'un des postes les plus périlleux.

La 1re circonscription de Nantes l'a nommé, le 20 février 1876, par 8,720 voix.

M. Laisant est l'auteur de la proposition de loi sur la réduction à trois ans du service militaire.

Il siégeait à l'Union républicaine.

SIMON (FIDÈLE), conseiller général, est né à Guéméné, le 6 août 1837. Il a été élu, le 8 février 1871, par 40,632 voix, et le 5 mars 1876, au second tour de scrutin, dans la 1re circonscription de Saint-Nazaire, par 5,761 voix.

M. F. Simon appartenait au centre gauche.

***

LOIRET

5 députés. — 4 républicains.

BERNIER (MESMIN-FLORENT), avocat, ancien président de la chambre des notaires, conseiller municipal, conseiller général, est né à Vineuil, le 28 juin 1809.

La 2e circonscription d'Orléans l'a nommé, le 20 février 1876, par 8,926 voix.

M. Bernier siégeait au centre gauche.

COCHERY (Louis--Adolphe), avocat, chef du cabinet du ministre de la justice après 1848, est né à Paris, le 26 avril 1819. En 1869, il fut nommé, au second tour de scrutin, comme candidat de l'opposition démocratique. Le 8 février 1871, il fut élu par 58,247 voix, et le 20 janvier 1876, dans l'arrondissement de Montargis, par 13,862.

M. Cochery appartenait à la gauche.

DEVADE (Guillaume-Amédée), docteur en médecine, conseiller municipal, conseiller d'arrondissement, est né à Saint-Martin-sur-Vère, le 11 février 1818. Lors du coup d'Etat, M. Devade fut poursuivi et il faillit être déporté.

L'arrondissement de Gien l'a nommé, le 20 février 1876, par 6,494 voix.

Il faisait partie de la gauche.

ROBERT DE MASSY (Paul-Alexandre), avocat, ancien bâtonnier de l'Ordre, conseiller municipal, est né à Orléans, le 29 septembre 1810. En 1869, il échoua aux élections contre la candidature officielle. Il fut élu, le 8 février 1871, par 53,700 voix, et au second tour de scrutin, le 5 mars 1876, pour la 1re circonscription d'Orléans, par 7,907 voix.

Il siégeait au centre gauche, dont il a été vice-président.

***

LOT

4 députés. — 1 républicain.

TEILHARD (Louis-Marie-Paul-Arsène), ancien maire, conseiller général, est né à Faycelles, le 26 juin 1826.

L'arrondissement de Figeac l'a élu, le 20 février 1876, par 11,366 voix.

Il faisait partie du centre gauche.

***

LOT-ET-GARONNE

4 députés. — 3 républicains.

FALLIERES (Clément-Armand), avocat, conseiller général, maire révoqué par le Gouvernement de l'ordre moral, est né à Mézin, le 6 novembre 1841.

L'arrondissement de Nérac l'a élu, le 20 février 1876, par 8,376 voix.

Il siégeait à gauche.

FAYE (Etienne-Paul); avocat, ancien maire, est né à Marmande, le 16 novembre 1828.

Le 2 juillet 1871, il fut nommé par 49,181 voix, et le 20 février 1876, par 12,862. M. Faye a été questeur de la Chambre et sous-secrétaire d'Etat au ministère de l'intérieur sous M. de Marcère.

M. Faye siégeait à la gauche républicaine.

LAFFITTE DE LAJOANNENQUE (Louis-Charles-Léon-Gustave), avocat, grand propriétaire, maire révoqué par le Gouvernement de l'ordre moral, vice-président du conseil général, est né à Agen, le 26 février 1824.

Il a été porté sur la liste républicaine lors des élections sénatoriales et a obtenu 193 voix contre 198. L'arrondissement d'Agen l'a nommé, le 20 février 1876, par 10,452 voix.

Il faisait partie de la gauche.

***

LOZERE

3 députés. — 2 républicains.

BOURRILLON (Xavier), industriel, est né à Mende, le 8 novembre 1840. L'arrondissement de Mende l'a nommé, le 20 février 1876, par 5,586 voix.

Il siégeait à gauche.

ROUSSEL (Théophile-Victor-Jean-Baptiste), docteur en médecine, ancien membre de la Législative, est né à Saint-Chély-d'Apiche, le 28 juillet 1816.

Le 8 février 1871, il fut élu par 9,272 voix et le 20 février 1876, dans l'arrondissement de Florac, par 6,027 voix.

Il appartenait au centre gauche.

*
* *

MAINE-ET-LOIRE.

7 députés. — 2 républicains.

BENOIST (Albert), ancien notaire, conseiller général, ancien sous-préfet après le 4 septembre, est né à Saint-Mathurin, le 11 juin 1842.

L'arrondissement de Baugé l'a nommé, le 20 février 1876, par 10,865 voix.

Il faisait partie de la gauche.

MAILLÉ (Alexis), un des hommes les plus populaires de l'Anjou, ancien juge suppléant au tribunal de commerce, conseiller municipal, est né à Angers, le 13 août 1815.

Aux élections partielles, le 27 septembre 1874, il fut élu, au second tour de scrutin, par 51,515 voix, et le 21 mai 1876, pour la 2ᵉ circonscription d'Angers, par 9,813 voix.

Il siégeait à gauche.

*
* *

MANCHE

8 députés. — 2 républicains.

RIOTTEAU (Emile-Alexandre), grand armateur, juge au tribunal de commerce de Granville, est né à Saint-Pierre-Miquelon (Martinique), le 12 décembre 1835.

La 2ᵉ circonscription d'Avranches l'a nommé, le 20 février 1876, par 6,336 voix.

Il siégeait au centre gauche.

SAVARY (CHARLES), avocat, ancien auditeur au Conseil d'Etat, ancien sous-préfet après le 4 septembre, est né à Coutances, le 21 septembre 1845.

Le 8 février 1871, il fut élu par 65,573 voix, et le 20 février, pour la 1ʳᵉ circonscription de Coutances, par 6,927 voix.

M. Savary s'est rallié sincèrement à la République depuis le vote de la Constitution, et il est l'auteur d'un rapport très-remarquable sur les agissements du comité de comptabilité et les manœuvres bonapartistes.

*
* *

MARNE

6 députés. — 5 républicains.

BLANDIN (EUGÈNE), député d'Epernay, a été élu, le 20 février 1876, par 12,813 voix. Il est né à Villeneuve-les-Couverts (Côte-d'Or), le 28 juillet 1830. M. Blandin, a été conseiller municipal, puis maire d'Epernay sous la présidence de M. Thiers. Il se rétira alors des affaires pour se consacrer entièrement à l'administration de la ville. Elu conseiller général en 1872, réélu en 1874, il a été nommé le premier sur la liste aux dernières élections municipales par 2,225 voix sur 2,260 votants.

Ce n'est guère que pour la forme que les réactionnaires lui opposèrent en 1876 M. de Villiers. M. Blandin, qui jouit dans l'arrondissement d'Epernay des sympathies de tous, a été élu à la presque unanimité; il en sera de même aux élections prochaines.

Il siégeait à la gauche républicaine.

LEBLOND (DÉSIRÉ-MÉDÉRIC) représente la 1re circonscription de Reims. Il est né à Paris, le 9 mai 1812, et a été élu, le 20 février 1876, par 12,188 voix, sans concurrent. Avocat et jurisconsulte distingué, M. Leblond, déjà connu sous Louis-Philippe par la fermeté de ses convictions républicaines, fut nommé en 1848 substitut du procureur général près la Cour de Paris, et donna sa démission pour siéger à la Constituante, où le département de la Marne venait de l'envoyer. L'Empire ayant brisé sa carrière politique, il rentra au Barreau et, sollicité par ses amis de lutter en 1863 et en 1869 contre le candidat officiel, il s'exposa à un double échec, afin de ne pas déserter le drapeau républicain.

Le 4 septembre le nomma procureur général à Paris, fonctions qu'il quitta pour entrer à l'Assemblée nationale. M. Leblond appartient à la gauche républicaine dont il a été plusieurs fois président. Porté en 1876 aux élections sénatoriales en même temps que M. Dauphinot, il échoua contre le général Boissonnet.

Dans la dernière Chambre, M. Leblond a été membre de plusieurs commissions importantes, et rapporteur des diverses propositions d'amnistie qu'il a combattues.

MARGAINE (Henri-Camille) a été élu député de l'arrondissement de Sainte-Menehould, le 20 février 1876, par 4,676 voix. Il est né à Sainte-Menehould, le 4 décembre 1829.

Il donna en 1866 sa démission de capitaine d'infanterie et n'en déploya pas moins pendant la guerre la plus grande énergie. Le département de la Marne l'a nommé député à l'Assemblée nationale, le 8 février 1871, par 59,156 voix.

Réélu en 1876, il fut élu questeur de la Chambre en remplacement de M. Faye, quand celui-ci fut nommé sous-secrétaire d'Etat du ministère de l'intérieur.

PICART (Alphonse), député de l'arrondissement de Vitry-le-Français, a été élu par 7,130 voix. Il est né le 8 novembre 1829. M. Picart est sorti de l'Université, après de brillantes études à l'Ecole normale. Il fut nommé professeur au Lycée Charlemagne, et, en 1872, il obtint à la Faculté des sciences de Poitiers la chaire de calcul différentiel et intégral. Il fut nommé, pour la première fois, député en 1873 contre le général Boissonnet.

En 1876, il fut élu à une grande majorité contre M. de Felcourt. Comme M. Margaine, M. Picart fait partie de la gauche républicaine.

THOMAS (JEAN-ALFRED), député de la 2ᵉ circonscription de Reims, a été élu, le 20 février 1876, par 9,663 voix. Il est né à Saint-Masmes, le 30 octobre 1826. Médecin des plus distingués, M. Thomas est en même temps professeur de chimie à la faculté préparatoire de Reims. Arrêté pendant la guerre parce qu'il s'était chargé de la mission périlleuse de communiquer aux comités d'arrondissement de la Marne les instructions du gouvernement de Tours, M. le docteur Thomas fut enfermé dans la forteresse de Magdebourg, où il resta jusqu'à la conclusion de la paix.

M. Thomas fut élu, en 1871, par 34,581 voix. Aux élections de 1876, il l'emporta à une grande majorité sur ses concurrents réactionnaires.

* *

MARNE (Haute-)

3 députés — 3 républicains.

BIZOT DE FONTENY (PIERRE), député de Langres, a été élu, le 20 février 1876, par 12,123 voix. Il est né à Versailles, le 20 août 1825. Il administra avec le plus grand dévouement l'arrondissement de Vassy pendant l'occupation prussienne, fut jeté en prison par les Allemands et condamné à 2,000 francs d'amende. Rentré dans l'administration, il n'accepta pas le déplacement que voulut lui infliger M. de Chabaud-Latour, irrité de l'élection de M. Danelle-Bernardin, et il donna sa démission.

M. Bizot de Fonteny a été élu en 1876 avec 1,000 voix de majorité contre M. Dubreuil de Saint-Germain, député sortant, membre du centre droit.

Il appartenait à la gauche républicaine.

DANELLE-BERNARDIN (Jean-Baptiste-Fernand) député de Vassy, a été élu, le 20 février 1876, par 14,304 voix. Il est né à Montreuil-sur-Blaise, le 16 septembre 1826.

M. Danelle-Bernardin est un des maîtres de forges les plus importants du département; il appartient au conseil général depuis longues années et a toujours professé les opinions les plus libérales. Il échoua aux élections de 1871, mais la mort d'un député réactionnaire, M. Lesperut, ayant créé une vacance, M. Danelle-Bernardin se représenta à nouveau et fut élu le 29 mars 1874. En 1876, il n'a pas eu de concurrent.

M. Danelle-Bernardin était inscrit à la fois au centre gauche et à la gauche républicaine.

MAITRET (François-Alexandre) a été élu député de Chaumont, le 20 février 1876, par 10,347 voix. Il est né à Brienne-le-Château (Aube), le 20 février 1809 M. Maitret est un républicain de vieille date, membre du conseil général, il y combattit en 1851 la proposition de mettre aux voix la prorogation des pouvoirs du président de la République, et fut exilé après le coup d'Etat par les décembriseurs en vertu d'une décision d'une commission mixte. M. Maitret ne rentra en France qu'après l'amnistie. Adversaire acharné de l'Empire, il refusa toutes fonctions électives pour ne pas lui prêter serment et au plébiscite conseilla de voter *non*. Maire de Chaumont pendant la guerre, M. Maitret, se conduisit avec beaucoup de courage et sut se concilier les sympathies de tous.

M. Maitret échoua aux élections de 1871 et l'emporta, en 1876, contre M. de Beurgès, député sortant, réactionnaire.

M. Maitret appartenait à la gauche.

* *

MARTINIQUE

1 député. — 1 républicain.

GODISSART (François-Marc), député de la Martinique, a été élu au second tour de scrutin, le 2 avril 1876, par 4,667 voix. Il est né à la Martinique, le 25 avril 1825. Il fut envoyé pour la première fois à l'Assemblée nationale en 1874, en remplacement de M. Pory-Papy, décédé.

En 1876, M. Godissart eut pour concurrent un candidat républicain, M. Pierre Alype, directeur du *Journal d'Outremer*, et qui, fidèle à la discipline républicaine, a décliné, avec un désintéressement qui l'honore, tout mandat aux élections prochaines.

***

MAYENNE

5 députés. — 4 républicains.

BRUNEAU (Vital) a été élu député de la 2ᵉ circonscription de Mayenne, au second tour de scrutin le 5 mars 1876 par 9,891 voix. Au premier tour, il eut pour concurrent M. Fichet, républicain, et M. Bigot, député sortant, ancien membre du centre droit.

M. Bruneau, est né à Villaines-la-Juhel, le 3 janvier 1835.

M. Bruneau est membre du conseil général de la Mayenne.

Dans l'ancienne Chambre, il appartenait au centre gauche avec lequel il a toujours voté.

LECOMTE (Charles) représentait la 2ᵉ circonscription de Laval. Il a été élu, le 20 février 1876, par 6,295 voix ; il est né à Laval, le 14 juillet 1805. Grand manufacturier, M. Lecomte a obtenu pour ses tissus, aux Expositions universelles de Paris, de Londres et de Vienne, des récompenses méritées. Maire du dixième arrondissement de Paris après la Révolution de 1848, il donna sa démission en 1851. Le dévouement dont il fit preuve pendant le choléra de 1849 lui valut une médaille de 1ʳᵉ classe.

M. Lecomte l'a emporté en 1876 sur M. de Lorières, légitimiste, et M. de Vilfeu, député réactionnaire sortant.

Il appartenait au centre gauche.

RENAULT-MORLIÈRE (Amédée-Joseph) représentait la 1re circonscription de Mayenne. Il a été élu, au second tour de scrutin, le 5 mars 1876, par 9,880 voix. Il est né à Ernée, le 11 octobre 1839.

M. Renault-Morlière compte parmi les avocats les plus distingués du Conseil d'Etat et de la Cour de cassation.

Membre du centre gauche, il a toujours voté avec les républicains dans les questions importantes.

SOUCHU-SERVINIÈRE (Théophile) représentait la 1re circonscription de Laval. Il est né dans cette ville, le 17 novembre 1830, et a été élu au second tour de scrutin contre M. Tresvaux du Fraval, candidat légitimiste, par 8,022 voix.

M. Souchu-Servinière est docteur en médecine et membre du conseil municipal de Laval.

Il appartenait au centre gauche comme ses anciens collègues de la députation.

⁎

MEURTHE-ET-MOSELLE

5 députés. — 4 républicains.

BERLET (Ernest-Edmond) a été élu député de la 2e circonscription de Nancy, le 20 février 1876, par 11,917 voix. Il est né à Nancy, le 18 octobre 1837. M. Berlet était sous l'Empire avocat au Barreau de la ville ; il collabora au fameux manifeste décentralisateur de Nancy, dont la publication irrita si vivement le pouvoir.

M. Berlet a fait partie de l'Assemblée nationale où il était inscrit, comme à la Chambre dernière, à la gauche et à l'Union républicaine. Il a vu de près les ruines de l'invasion : aussi l'a-t-on vu toujours au premier rang toutes les fois que le parti bonapartiste s'est livré à des provocations scandaleuses.

COSSON (Joseph-Maurice) a été député de l'arrondissement de Lunéville, le 2 février 1876, par 11,988 voix. Il est né à Lunéville, le 18 avril 1832.

M. Cosson et ses collègues de la municipalité firent preuve d'un grand courage pendant l'occupation prussienne. Nommé maire de la ville par M. Thiers en 1871, il eut l'honneur d'être révoqué au 24 mai.

Aux élections de 1876, M. Cosson n'a pas eu de concurrent; il appartenait à la gauche républicaine.

DUVAUX (Jules-Antoine) représentait la 1re circonscription de Nancy. Il a été élu, le 20 février 1876, par 11,172 voix. Il est né à Nancy, le 21 mai 1827.

M. Duvaux compte parmi les élèves les plus distingués de l'Université ; il a été tour à tour professeur à Saintes, à Montpellier, à Nancy. Le libéralisme de M. Duvaux ne s'est jamais démenti : même aux plus mauvais jours de l'Empire, il fut un des membres les plus zélés de la ligue de l'enseignement.

Membre du conseil général depuis 1871, le 24 mai l'envoya en disgrâce à Besançon, afin de le punir de ses opinions républicaines; M. Duvaux refusa ce changement.

Les électeurs l'ont récompensé de cette fermeté en le préférant, en 1876, au candidat réactionnaire, M. de Coetlosquet.

PETITBIEN a été élu député de Toul, en 1876, en remplacement de M. Camille Claude, décédé pendant les vacances de 1876. M. Petitbien est un grand propriétaire du pays; il est membre du conseil général. Il appartenait à l'Union républicaine.

*
* *

MEUSE

4 députés. — 3 républicains.

BILLY (Jean-Eugène), avocat conseiller de préfecture en 1848, révoqué en 1849. Il est né à Metz, le 30 mars 1820.

Le 8 février 1871, il fut élu par 24,309 voix, et le 20 février 1876, pour l'arrondissement de Montmédy, par 7,673 voix.

M. Billy siégeait à gauche.

GRANDPIERRE (Auguste-Jean-Baptiste-Sylvestre), docteur en droit, conseiller de préfecture après la Révolution de 1848. Il est né à Pisté-en-Rigaut, le 31 décembre 1814.

Il fut élu député, le 8 février 1871, par 20,150 voix, et le 20 février 1876, pour l'arrondissement de Bar-le-Duc, par 11,031 voix.

Il siégeait à gauche.

LIOUVILLE (Henry), docteur en médecine, professeur agrégé à la faculté de Paris. Il est né à Paris, le 17 août 1837. Lors du choléra qui éclata à Amiens, M. le docteur Liouville, se rendit immédiatement dans cette ville et donna l'exemple du courage et du dévouement. Pendant la guerre, il était à Toul, où il rendit encore de grands services.

L'arrondissement de Commercy l'a nommé député, le 20 février 1876, par 10,593 voix.

M. Liouville avait pour adversaire M. Buffet.

Il siégeait à gauche.

***

MORBIHAN

6 députés. — 1 républicain.

RATIER (MARIE-GUSTAVE), avocat, conseiller général, ex-maire de Lorient. Il est né, le 24 juillet 1804, à Bazançais (Indre).

M. Ratier a été proscrit au 2 décembre.

Le 8 février 1871, il a obtenu 14,893 voix, et le 20 février 1876, il a été nommé par 7,322 voix pour la 1re circonscription de Lorient.

Il appartenait à la gauche.

***

NIÈVRE

5 députés. — 3 républicains.

GIRERD (CYPRIEN) a été élu député de la 1re circonscription de Nevers, le 20 février 1876, par 9,221 voix.

Il est né dans cette ville le 1ᵉʳ mai 1832. Ancien bâtonnier du Barreau de Nevers, M. Girerd lutta avec ardeur contre l'Empire et fut nommé député de la Nièvre en 1871. On se rappelle que c'est à la suite des révélations qu'il vint porter à la tribune que l'Assemblée nationale ordonna une enquête sur le fameux *comité de comptabilité*.

M. Girerd échoua aux élections sénatoriales avec M. Tenaille-Saligny, mais fut nommé, en 1876, contre M. le baron Pelcet, bonapartiste.

Il était inscrit à la gauche et à l'Union républicaine.

GUDIN (JACQUES-FRANÇOIS) a été élu député de Château-Chinon, le 20 février 1876, contre M. Gautherin, bonapartiste, par 7,250 voix. Il est né à Gacogne, le 11 septembre 1811.

M. Gudin s'était présenté sans succès, en 1874, contre M. de Bourgoing.

Dans l'ancienne Chambre, il faisait partie de la gauche républicaine.

TURIGNY (JEAN-PLACIDE) a été élu député de la 2ᵉ circonscription de Nevers, le 20 février 1876, par 5,988 voix, contre M. Decray, candidat bonapartiste. Il est né à Chatenay, le 17 janvier 1822. M. Turigny est, depuis longues années, médecin dans la Nièvre et l'un des chefs du parti républicain. En 1873, il l'emporta sur M. Gillois, ancien agent de change, soutenu par les réactionnaires de tous les partis.

M. Turigny était inscrit à l'extrême gauche. Il a voté l'amnistie pleine et entière.

***

NORD

18 députés. — 12 républicains.

BERTRAND-MILCENT a été élu, à la fin de 1871, député de la 2º circonscription de Cambrai, en remplacement de M. Parsy, décédé. M. Bertrand-Milcent est un grand propriétaire du pays.
Il appartenait au centre gauche.

DESMOUTIERS (CHARLES), a été élu député de la 1ʳᵉ circonscription de Cambrai, le 20 février 1876, par 11,359 voix, contre M. Brabant, député sortant, ancien membre du centre droit. Il est né à Faumont, le 2 février 1810. M. Desmoutiers, beau-frère de M. Corne, sénateur inamovible, est un des plus grands propriétaires et industriels du Nord. Il était inscrit au centre gauche.

GUILLEMIN (ERNEST), a été élu député de la 1ʳᵉ circonscription d'Avesnes, le 20 février 1876, par 8,484 voix, contre M. Antonin Lefèvre-Pontalis, député sortant. Il est né à Avesnes, le 19 décembre 1828. Avocat, membre du conseil général du Nord, M. Guillemin fut sous-préfet d'Avesnes pendant la guerre, mais il échoua aux élections de 1871.
M. Guillemin appartenait à la gauche républicaine.

LEGRAND (LOUIS), a été élu député de la 1ʳᵉ circonscription de Valenciennes, le 20 février 1876, par

9,014 voix, contre le baron Michel, bonapartiste. Il
est né à Valenciennes, le 30 mars 1842. M. Louis Legrand est un des jeunes députés de l'ancienne
Chambre qui ont donné les plus belles espérances;
il a fait partie de commissions importantes, notamment de la commission chargée de préparer un projet de loi d'organisation municipale; c'est un esprit
très-libéral et très-étendu dans toutes les questions.
M. Legrand a été sous-préfet de Valenciennes après
le 4 septembre. Il a succédé à M. Sadi-Carnot comme
secrétaire de la gauche républicaine.

LEGRAND (PIERRE) a été élu député de la 1re circonscription de Lille, le 20 février 1876, par 9,127 voix.
Il est né à Lille, le 13 mai 1834: Avocat au Barreau de
Lille, conseiller municipal et conseiller général, très-
aimé dans la ville. M. Pierre Legrand fut choisi par
M. Gambetta, au 4 septembre, pour administrer le
département du Nord. Il se présenta, mais sans succès, aux élections de 1871; en 1876, il n'a pas eu de
concurrent. Il appartenait à la gauche républicaine.

DE MARCÈRE (ÉMILE-LOUIS-GUSTAVE) a été élu
député de la 2e circonscription d'Avesnes, le 20 février 1876, par 10,202 voix. Il est né à Domfront
(Orne), le 16 mars 1828. Sous l'Empire, M. de Marcère, après avoir occupé différents postes dans la ma-
gistrature, fut nommé, en 1866, conseiller à la Cour
de Douai. Elu député, le 8 février 1871, il fit partie
de la réunion Feray qui devint plus tard le centre
gauche, et prit part aux discussions les plus importantes. Réélu, en 1876, à une grande majorité contre
M. Bottieau, il fut choisi par M. Ricard comme sous-
secrétaire d'Etat à l'intérieur, et après la mort de
M. Ricard, fut ministre de l'intérieur, le 15 mai 1876.
M. de Marcère est tombé du pouvoir en même temps
que M. Dufaure sur la question des enterrements
civils.

MASSIET DU BIEST (Emile-Louis) a été élu député de la 1re circonscription de Hazebrouck, au second tour de scrutin, contre M. le baron de Lagrange, par 9,451 voix. M. Massiet du Biest est un ancien juge de paix, conseiller général. Il siégeait au centre gauche.

MASURE (Gustave-Louis) a été élu député de la 2e circonscription de Lille, le 16 avril 1876, par suite de l'option de M. Gambetta pour Paris.

M. Masure a beaucoup fait sous l'Empire pour la cause républicaine, dans le Nord, par les luttes qu'il a soutenues dans le *Progrès du Nord* dont il était rédacteur en chef, luttes qui lui valurent plusieurs procès et plusieurs condamnations. Pendant la guerre, M. Masure fut retenu au ministère de l'intérieur par M. Gambetta, où il remplit les fonctions de directeur général adjoint du personnel. Aux élections de 1876 la candidature de M. Mazure fut recommandée par M. Gambetta.

M. Mazure appartenait à l'Union républicaine.

MENTION (Charles-Joseph) a été élu député de la 2e circonscription de Douai, le 20 février 1876, par 8,338 voix. Il est né à Paris, le 28 janvier 1829. Avocat au Barreau de Douai, M. Mention fut nommé sous-préfet de cette ville après le 4 septembre. Aux élections de 1876, il n'eut pas de concurrent. Il appartenait à la gauche républicaine.

MERLIN (Charles-Auguste) a été élu député de la 1re circonscription de Douai, le 20 février 1876, par 7,858 voix. Jurisconsulte distingué, M. Merlin occupe, depuis de longues années, la première place au Barreau de Douai, dont il a été deux fois bâtonnier. Maire de Douai après le 4 septembre, il eut l'honneur d'être révoqué par le gouvernement du 24 mai.

M. Merlin est membre du conseil général du Nord. Il était inscrit à la gauche républicaine.

SCREPEL (Achille) a été élu député de la 3ᵉ circonscription de Lille (Turcoing et Roubaix), le 16 juillet 1876, par 5,284 voix, contre M. Pierre Cateau, monarchiste, en remplacement de M. Derégnaucourt, décédé.

M. Screpel est un grand industriel du Nord. Il était inscrit à la gauche républicaine.

TRYSTRAM (Louis-François) a été élu député de la 1ʳᵉ circonscription de Dunkerque, le 20 février 1876, par 5,874 voix contre M. Dupuy de Lôme, candidat bonapartiste, M. Trystram, dirige à Dunkerque une des maisons de commerce les plus importantes du département. Il est président de la Chambre de commerce et membre du conseil général. Le gouvernement du 4 septembre le nomma sous-préfet de Dunkerque. Très-entendu dans les questions d'affaires il fut nommé, sous l'ancienne Chambre, président de la commission de la marine marchande.

M. Trystram est né à Ghivelle, le 9 janvier 1821. Il était inscrit à la gauche républicaine.

***

OISE

5 députés — 2 républicains.

LEVAVASSEUR (Louis-François-Gustave) a été élu député de Clermont, le 20 février 1876, par 10,642 voix. Il est né à Breteuil, le 24 octobre 1826. M. Levavasseur avait échoué aux élections de 1871 et à une élection partielle contre le duc de Mouchy, en 1874. M. Lavavasseur est membre du conseil général. Il siégeait au centre gauche.

FRANCK-CHAUVEAU. avocat au Conseil d'Etat et à la Cour de cassation, a été élu député de Senlis, en 1877, contre M. Sébert, décédé.

M. Franck-Chauveau a eu pour concurrent M. Picard, bonapartiste, ancien avoué de la ville de Paris. Il a été secrétaire du centre gauche.

***

ORAN

1 député — 1 républicain.

JACQUES (Remy) a été élu député d'Oran, le 20 février 1876, par 5,638 voix. Il est né à Breteuil (Oise), le 17 janvier 1817. M. Jacques a fait partie de l'Assemblée nationale ; c'est un avocat distingué. Il a pris souvent la parole dans les questions intéressant l'Algérie. Il était inscrit à la gauche et à l'Union républicaine.

**

ORNE

6 députés. — 3 républicains.

CHRISTOPHLE (ALBERT-CHARLES) a été élu député de la 1ʳᵉ circonscription de Domfront, le 20 février 1876, par 9,827 voix. Il est né dans cette ville, le 3 juillet 1830. M. Christophle est avocat au Conseil d'Etat et à la Cour de cassation, et jurisconsulte de grand mérite. Député de l'Orne à l'Assemblée nationale, il a fait partie des commissions les plus importantes. Après les élections de 1876, il a fait partie du ministère Dufaure-Ricard, avec le portefeuille des travaux publics, en remplacement de M. Caillaux.

GEVELOT (JULES-FÉLIX) a été élu député de la 2ᵉ circonscription de Domfront, le 20 février 1876, par 11,287 voix. Il est né à Paris, le 6 juin 1826. M. Gevelot compte parmi les plus grands industriels de France; il est directeur d'une importante manufacture de cartouches et de capsules. Il a été nommé, en 1869, au Corps législatif, comme candidat indépendant; à l'Assemblée nationale, comme à la dernière Chambre M. Gevelot siégeait sur les bancs du centre gauche. Il jouit dans son arrondissement d'une popularité que ses services lui ont justement méritée, et jusqu'à présent la réaction n'a pas trouvé de candidat à lui opposer.

GROLLIER (ALPHONSE-BENJAMIN) a été élu député de l'arrondissement d'Alençon, le 20 février 1876, par

8,259 voix. Il est né à Mauze (Deux-Sèvres), le 24 mars 1807. Grand négociant d'Alençon, il a été maire de cette ville, en 1848 et de 1861 à 1868. Il fut élu député, en 1869, comme candidat indépendant et nommé à l'Assemblée nationale où il siégea sur les bancs du centre gauche.

**

PAS-DE-CALAIS

10 députés — 3 républicains.

DEUSY (ERNEST-FRANÇOIS-JOSEPH) a été élu député de la 1re circonscription d'Arras, le 20 février 1876, par 10,155 voix, contre M. Pens, bonapartiste. Il est né à Bapaume, le 23 avril 1824.

M. Deusy est maire d'Arras depuis 1871. Dans l'ancienne Chambre il était inscrit au centre gauche; il est l'auteur d'un rapport remarquable et qui a fait grand bruit, sur les comptes de la guerre de 1870, rapport qui a parfaitement mis en lumière l'écrasante responsabilité qui pèse sur le parti bonapartiste.

DEVAUX (LOUIS-EDOUARD-JOSEPH) a été élu député de la 1re circonscription de Saint-Omer, le 20 février 1876, par 7,266 voix. Il est né à Saint-Omer, le 23 novembre 1819. Au coup d'Etat de décembre, M. Devaux, donna sa démission de magistrat pour ne pas prêter serment à l'Empire. Il échoua aux élections de 1871, mais fut nommé à la presque unanimité, en 1876, contre M. de Monnecoves, ancien sous-préfet bonapartiste.

M. Devaux était inscrit à la gauche républicaine.

FLORENT-LEFEBVRE (Louis) a été élu député de la 2ᵉ circonscription d'Arras, le 20 février 1876, par 10,319 voix, contre le marquis d'Havrincourt, ex-chambellan impérial.

Candidat indépendant, M. Florent-Lefebvre se présenta, sans succès, aux élections de 1869. Il est membre du conseil général et maire de Monchy-le-Preux. Dans l'ancienne Chambre, il était inscrit au centre gauche et à la gauche républicaine.

*
* *

PUY-DE-DOME

7 députés. — 6 républicains.

BARDOUX (Agénor) a été élu député de la 2ᵉ circonstion de Clermont-Ferrand, le 20 février 1876, par 11,998 voix. Il est né dans cette ville, le 15 janvier 1830. Avocat de grand mérite il défendit, sous l'Empire, les journaux républicains et lutta avec énergie contre le despotisme. Envoyé à l'Assemblée nationale, par le Puy-de-Dôme, il s'y fit bientôt, par ses aptitudes variées, une place importante ; le 10 mars 1875, après le vote de la Constitution républicaine, il fut nommé sous-secrétaire d'Etat de M. Dufaure, au ministère de la justice, et avec un désintéressement qui lui fait grand honneur il donna sa démission, le 10 novembre, quand le cabinet se fut prononcé pour le scrutin d'arrondissement.

Dans l'ancienne Chambre, M. Bardoux était un des députés les plus influents du centre gauche et en cette qualité il a pris une part des plus actives aux négociations des groupes.

COSTES (ANTOINE-ADOLPHE) a été élu député d'Ambert, le 8 février 1876, par 8,126 voix, contre M. Chassaigne d'Arlanc, candidat monarchiste. Il est né à Ambert, le 9 janvier 1813. M. Costes est banquier et adjoint au maire de la ville.

Il était inscrit à la gauche républicaine.

DUCHASSEINT (JEAN-BAPTISTE-FÉLIX) a été élu député de Thiers, le 20 février 1876, par 8,056 voix, contre M. Chassagne-Goyon, candidat bonapartiste. Il est né à Lezoux, le 20 janvier 1814. Membre du conseil général, en 1851, il protesta énergiquement contre l'odieux attentat du 2 décembre et renonça à la vie publique.

M. Duchasseint était inscrit à la gauche républicaine.

GIROD-POUZOL (FRANÇOIS-AMÉDÉE) a été élu député d'Issoire, le 20 février 1876, par 10,936 voix. Il est né au Broc, le 18 avril 1832. Il fut envoyé, en 1865, au Corps législatif comme candidat indépendant et vota avec la gauche, mais échoua, en 1869. Le Quatre-Septembre le nomma préfet du Puy-de-Dôme et dans l'exercice de ces fonctions que les événements rendaient difficiles il sut conquérir les sympathies de tous les partis. M. Girot-Pouzol a fait partie de l'Assemblée nationale ; en 1876, il l'a emporté sur M. Burin-Desroziers, candidat bonapartiste.

M. Girod-Pouzol appartenait à la gauche républicaine.

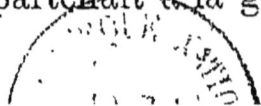

ROUX (HONORÉ) a été élu député de la 2ᵉ circonscription de Riom, le 20 février 1876, par 10,367 voix, contre M. Eugène Tallon, membre du centre droit, à l'ancienne Assemblée nationale et M. Gustave Rouher. M. Roux est un des avocats les plus distingués du Barreau de Riom; il échoua, en 1869, contre M. du Miral, candidat officiel surnommé *l'homme à la soupière.*

M. Roux a fait partie de l'Assemblée nationale. Il appartenait aux réunions du centre gauche et de la gauche républicaine.

TALLON (JEAN-MARIE-ALFRED) a été élu député de la 2ᵉ circonscription de Clermont, le 20 février 1876, par 10,755 voix. Il est né dans cette ville le 17 mai 1828. M. Tallon est avocat à Clermont, membre du conseil général et depuis 1848 un des chef du parti républicain dans le département du Puy-de-Dôme. Il a été élu, en 1871, contre M. Narjot de Toucy, candidat bonapartiste, ancien administrateur du Crédit communal.

* * *

PYRÉNÉES (Basses-)

6 députés — 3 républicains.

BARTHE (JEAN-MARCEL) a été élu député de la 1ʳᵉ circonscription de Pau, le 20 février 1876, contre M. de Luppé, légitimiste, par 6,920 voix. Il est né dans cette ville le 15 janvier 1814.

Républicain de la veille, M. Marcel Barthe, quand éclata la Révolution de 1848, fut envoyé à la Constituante, mais ne fut pas réélu à la Législative. Envoyé à l'Assemblée nationale, il fut des commissions les plus importantes; il est membre du conseil général des Pyrénées.

M. Marcel Barthe, dans l'ancienne Chambre, était inscrit à la fois au centre gauche et à la gauche républicaine.

LACAZE (Louis) a été élu député d'Oloron, le 20 février 1876, par 9,825 voix. Il est né à Paris, le 20 janvier 1826. Auditeur au Conseil d'Etat en 1850, il donna sa démission après le guet-apens de décembre, échoua en 1863 et en 1869 contre M. Chesnelong.

M. Lacaze a fait partie de l'Assemblée nationale et a été vice-président du centre gauche. Il est membre du conseil général; en 1876, il l'emporta sur M. Louis, candidat réactionnaire.

VIGNANCOUR (Louis) a été élu député d'Orthez, le 21 mai 1876, par 8,998 voix, contre M. Chesnelong, qui l'avait emporté, le 20 février, avec trois voix de majorité, mais dont l'élection, entachée de pression cléricale, avait été invalidée par la Chambre des députés.

M. Vignancour appartenait à la gauche républicaine.

***

PYRÉNÉES (Hautes-)

4 députés. — 2 républicains.

ALICOT (Eugène-Michel) a été élu député d'Argelès, le 20 février 1876, par 5,594 voix, contre M. Pas-

sère, bonapartiste. Avocat au Barreau de Paris, M. Alicot a été, en 1871, sous-chef du cabinet de M. Victor
Lefranc qu'il suivit dans sa retraite. La mort de
M. de Goulard ayant laissé un siége vacant, il se présenta, le 3 janvier 1875, et échoua au scrutin de ballotage, le 17 janvier, contre M. Cazeaux dont le succès n'a pas peu contribué au vote de la Constitution
républicaine.

M. Alicot était inscrit au centre gauche.

DUFFO (JEAN-PAUL) a été élu député de Bagnères-
de-Bigorre, le 20 février 1876, par 9,869 voix. Il est
né le 24 décembre 1838. M. Duffo est membre du conseil général et président de la Société d'agriculture
de l'arrondissement de Bagnères. Il l'a emporté, en
1876, sur M. le baron Larrey, bonapartiste.

M. Duffo était inscrit au centre gauche.

*
**

PYRÉNÉES-ORIENTALES

3 députés. — 3 républicains.

ESCANYÉ (FRÉDÉRIC) a été élu député de Prades,
au second tour de scrutin, le 5 mars 1876, par 5,056
voix, contre M. de Gelcen, candidat réactionnaire. Il
est né à Thuis, le 15 mai 1833. Avocat à Perpignan,
il fut nommé, après le 4 septembre, président du comité de défense et conseiller de préfecture. En 1874,
M. Escanyé, conseiller municipal de Perpignan de-

puis 1871, fut réélu et nommé conseiller général du canton de Thuis.

M. Escanyé était inscrit à la gauche et à l'Union républicaine.

ESCARGUEL (LAZARE) a été élu député de Perpignan, le 20 février 1876, par 13,364 voix, contre M. de Saint-Malo, ancien député légitimiste du Pas-de-Calais. M. Escarguel est né à Routier (Aube), le 23 mars 1816. Il a fait une guerre acharnée à l'Empire et soutenu à cette époque la candidature de M. Emmanuel Arago.

M. Escarguel était inscrit à l'Union républicaine.

MASSOT (PAUL) a été élu député de Céret, le 20 février 1876, par 5,289 voix. Il est né à Perpignan, le 15 août 1800. M. Massot, président du conseil général, a consacré sa longue carrière à la défense des principes républicains.

M. Massot a été récemment désigné pour remplacer au Sénat le regretté M. Pierre Lefranc, décédé.

* * *

RÉUNION (Ile de la)

1 député.—1 républicain.

DE MAHY (FRANÇOIS) a été élu député de la Réunion, le 9 avril 1876. Il est né à Saint-Pierre, le 22 juillet 1830.

M. de Mahy a fait partie de l'Assemblée nationale et on se rappelle avec quelle vigueur il attaquait les actes arbitraires des hommes du 24 mai, dans les réunions de la commission de permanence. Réélu, en 1876, M. de Mahy comptait parmi les députés les plus travailleurs de l'ancienne Chambre. Il appartenait à la gauche et à l'Union républicaine.

*
* *

RHONE

7 députés. — 7 républicains.

ANDRIEUX (Louis) a été élu député de la 4ᵉ circonscription de Lyon, le 20 février 1876, par 10,545 voix. Il est né à Trévoux, le 23 janvier 1840. M. Andrieux est un des premiers avocats de Lyon ; après le 4 septembre, il fut nommé procureur de la République à Lyon, et fit preuve, dans l'exercice de ces délicates fonctions, de beaucoup de courage et de fermeté. Après le 24 mai, il reprit sa place au Barreau et lutta contre le fameux proconsul Ducros.

M. Andrieux est membre du conseil municipal de Lyon et membre du conseil général du Rhône. Il appartenait à la gauche et à l'Union républicaine.

DURAND (Pierre) a été élu député de la 3ᵉ circonscription de Lyon, le 20 février 1876, par 12,995 voix. Il est né à Ceyzerieu (Ain), le 25 avril 1820.

M. Durand, est membre du conseil général du Rhône ; il siégeait à l'extrême gauche.

GUYOT (Emile) a été élu député de la 1re circonscription de Villefranche, le 20 février 1876, par 12,528 voix. Il est né à Saint-Dizier, le 13 mars 1830. M. Guyot a été envoyé à l'Assemblée nationale en 1873. Comme M. Durand, M. Guyot est docteur en médecine et comme lui il a voté l'amnistie pleine et entière. Il était inscrit à l'Union républicaine.

MILLAUD (Edouard) a été élu député de la 1re circonscription de Lyon, le 20 février 1876, par 14,371 voix. Il est né à Tarascon, le 27 septembre 1834. Membre du Barreau de Lyon, il fut nommé, après le 4 septembre, avocat général et donna sa démission pour se faire élire à l'Assemblée nationale aux élections complémentaires du 2 juillet 1871.

M. Millaud était inscrit à l'Union républicaine, dont il a été un des vice-présidents. Il a été rapporteur de la commission du règlement.

ORDINAIRE (Francisque) a été élu député de la 2e circonscription de Lyon, le 20 février 1876, par 13,452 voix. Il est né à Saint-Laurent-les-Mâcon, le 26 janvier 1844. M. Ordinaire fit partie de l'Assemblée nationale et, avec MM. Naquet, Louis Blanc et Madier de Montjau, du groupe des intransigeants.

M. Ordinaire a publié récemment une brochure contre M. Gambetta, que les ennemis de la République ont en vain essayé d'exploiter contre le grand orateur..

PERRAS (Etienne-Edmond) a été élu député de la 2e circonscription de Villefranche, le 20 février 1876, par 12,526 voix. Il est né à Cublize, le 7 juillet 1835.

M. Perras est membre du conseil municipal de Lyon. Il siégeait à l'Union républicaine.

VARAMBON (François-Léon) a été élu député de la 5e circonscription de Lyon, le 20 février 1876, par 14,086 voix. Il est né à Lyon, le 7 juillet 1830. Avocat à Lyon, il fut nommé procureur général, à Besançon, au 4 septembre et donna sa démission après le 24 mai.

Dans l'ancienne Chambre, M. Varambon était inscrit à l'Union républicaine.

* *

SAONE (Haute-)

4 députés. — 2 républicains.

NOIROT (Alphonse-Xavier), avocat, maire de Vesoul, pendant la guerre, est né à Vesoul, le 2 février 1833. Le 8 février 1871, il obtint 12,637 voix; il fut élu le 5 mars 1876, au second tour du scrutin, pour l'arrondissement de Vesoul, par 12,229 voix.

M. Noirot appartenait à la gauche.

VERSIGNY (Claude-Marie-Agapite), avocat, ancien bâtonnier de l'Ordre, sous-préfet de Gray, après le 4 septembre, est né à Gray, le 18 août 1814.

Les Prussiens le prirent comme otage en 1870, et il fut envoyé à Brême. Le 8 février 1871, il obtint 11,703 voix. Le 20 février 1876, il fut nommé pour l'arrondissement de Gray, par 9,711 voix.

Il appartenait à la gauche.

***

SAONE-ET-LOIRE

9 députés. — 8 républicains.

BOUTHIER DE ROCHEFORT (Jean-Baptiste-Augustin), agriculteur, conseiller général, est né à Semur-en-Brionnais, le 8 avril 1814. La 1re circonscription de Charolles l'a nommé, le 20 février 1876, par 8,834 voix.

Il siégeait à gauche.

BOYSSET (Charles), avocat, procureur de la République après la Révolution de février, membre de la Législative, président du conseil général, est né à Châlon-sur-Saône, le 29 avril 1817. Il fut arrêté et exilé au coup d'Etat. Il se présenta en 1869 comme candidat de l'opposition. Maire de Châlon, après le 4 septembre, il organisa la défense de la Côte-d'Or et de Saône-et-Loire. Le 8 février 1871, il obtint 46,876 voix et le 2 juillet suivant il fut élu par 69,746 voix.

Le 20 février 1876, par 10,907 voix, il a été nommé député dans la 1re circonscription de Chalon-sur-Saône.

Il appartenait à l'Union républicaine. Il a fait partie dans l'ancienne Chambre de commissions importantes.

DARON, avocat, ancien maire, conseiller général, est né à Châlon, le 6 septembre 1803. En 1848, il était maire lorsqu'éclata la Révolution; il fut maintenu dans ses fonctions et proclama la République.

En 1863 et 1869, il se présenta à la députation, mais il ne fut pas élu. Le 8 février 1871, il était nommé par 59,197 voix et le 20 février 1876, dans la 2ᵉ circonscription de Châlon, par 10,929 voix.

M. Daron siégeait à gauche.

GILLIOT (François-Philibert), ancien notaire, conseiller général, est né à Bligny-sur-Ouche (Côte-d'Or), le 20 juin 1822.

La 1ʳᵉ circonscription d'Autun, l'a nommé, le 20 février 1876, par 7,132 voix.

M. Gilliot avait pour adversaire un ancien ministre de l'Empire, M. Pinard.

LACRETELLE (Henri de), écrivain des plus distingués, est né à Paris, le 21 août 1815. Il a été élu député, le 2 juillet 1871, par 78,232 voix, et le 20 février 1876, par 11,320 voix pour la 2ᵉ circonscription de Mâcon.

M. de Lacretelle siégeait à l'Union républicaine.

LOGEROTTE (Jules-Benoist), avocat, conseiller général, est né à Châlon-sur-Saône, le 19 février 1823. L'arrondissement de Louhans l'a nommé, le 20 février 1876, par 10,915 voix.

Il siégeait à gauche.

MARGUE (Guillaume-Léon), avocat, conseiller général, est né à Salornay-sur-Gaye, le 14 juillet 1828.

Aux élections du 8 février 1871, il a obtenu 47,028 voix.

La 1ʳᵉ circonscription de Mâcon l'a nommé, le 20 février 1876, par 10,803 voix.

Il siégeait à l'extrême gauche.

SARRIEN (Jean-Marie-Ferdinand), avocat, maire révoqué le 24 mai, conseiller général, est né à Bourbon-Lancy, le 15 octobre 1840.

La 2e circonscription de Charolles, l'a nommé, le 20 février 1876, par 7,925 voix.

Il siégeait à gauche.

*
* *

SARTHE

5 députés. — 3 républicains.

GALPIN (Léopold-Frédéric-Auguste-Clément), riche propriétaire, conseiller général, a refusé d'être maire sous l'Empire, mais a accepté ce poste après le 4 septembre, est né au Mans, le 23 février 1832.

L'arrondissement de la Flèche l'a nommé député, le 20 février 1876, par 13,126 voix.

Il siégeait à gauche.

LE MONNIER (Pierre-Jean-Baptiste), docteur en médecine, ancien maire, vice-président du conseil général, est né à Luce, le 5 septembre 1814. En 1858, lors de la loi de sûreté générale, M. Le Monnier fut arrêté et transporté en Afrique.

L'arrondissement de Saint-Calais l'a élu le 20 février 1876, par 10,775 voix.

Il siégeait à gauche.

ROBILLARD (Anselme-Maurice), propriétaire, géomètre, ancien maire révoqué par l'ordre moral, conseiller général, est né à Laval, le 26 septembre 1826.

La 1ʳᵉ circonscription du Mans l'a nommé, le 20 février 1876, par 11,460 voix.

Il siégeait à gauche.

⁎⁎⁎

SAVOIE

5 députés. — 5 républicains.

BEL (FRANÇOIS), avocat, président du conseil général, ancien juge à Chambéry sous le gouvernement sarde, est né à Rumilly (Haute-Savoie), le 25 novembre 1805.

Le 20 février 1876, la 2ᵉ circonscription de Chambéry l'a nommé par 7,204 voix.

Il siégeait à gauche.

BLANC (PIERRE), avocat, ancien représentant du peuple sous le gouvernement sarde, est né à Beaufort, le 29 juin 1806.

L'arrondissement d'Albertville l'a élu, le 20 février 1876, par 4,403 voix.

M. Blain appartenait à la gauche.

HORTEUR (JULES-FRANÇOIS), avocat, conseiller général, ancien maire, est né aux Chavannes, le 17 septembre 1842.

L'arrondissement de Saint-Jean-de-Maurienne l'a

nommé, au second tour de scrutin, le 5 mars 1876, par 5,595 voix.

Il faisait partie de la gauche.

MAYET (DANIEL-HENRI), ancien avoué, ancien juge de paix, vice-président du conseil agricole, est né au Bourg-Saint-Maurice, le 18 juillet 1815.

L'arrondissement de Moutiers l'a élu, le 20 février 1876, par 3,759 voix.

Il siégeait à gauche.

PARENT (NICOLAS-EUGÈNE), avocat, publiciste, est né à Sallanches, en 1817. Il se présenta, en 1869, mais ne fut pas élu.

Au 8 février 1871, il fut élu par 19,493 voix, et au 20 février 1876, pour la 1re circonscription de Chambéry, par 9,470 voix.

M. Parent faisait partie de la gauche.

*
* *

SAVOIE (Haute-)

4 députés. — 4 républicains.

DUCROZ (ALBERT), avoué, ancien maire, ancien conseiller général, est né à Sallanches, le 21 mai 1820.

L'arrondissement de Bonneville l'a nommé, le 20 février 1876, par 8,417 voix.

Il siégeait à gauche et à l'Union républicaine.

FOLLIET (André-Eugène), avocat à la Cour d'appel de Paris, publiciste distingué, est né à Saint-Jean-de-Maurienne, le 18 mars 1838.

Il fut nommé député, le 2 juillet 1871, par 24,302 voix, et le 21 mai 1876, pour l'arrondissement de Thonon, par 7,939 voix.

M. Folliet appartenait à la gauche.

PHILIPPE (Jules-Pierre-Joseph), publiciste, préfet de la Haute-Savoie après le 4 septembre, est né à Annecy, le 30 octobre 1827.

Le 8 février 1871, il a été élu par 31,078 voix, et le 20 février 1876, pour l'arrondissement d'Annecy, par 9,456 voix.

Il siégeait à gauche.

SILVA (Clément), avocat, né à Chambéry, le 7 février 1819.

Il fut élu député, le 8 février 1871, par 21,448 voix, et le 20 février 1876, pour l'arrondissement de Saint-Julien, par 6,684 voix.

M. Sylva siégeait à gauche.

SEINE

25 députés. — 24 républicains.

ALLAIN-TARGÉ (François-Henri-René) a été élu député du XIXe arrondissement au second tour de scrutin, le 5 mars 1876, par 6,320 voix, contre l'ex-général Cremer.

M. Allain-Targé a été quelque temps magistrat sous l'Empire; mais, il ne tarda pas à donner sa démission; vint à Paris et collabora aux journaux indépendants et républicains, notamment à la *Revue politique* avec MM. Gambetta, Challemel-Lacour, Spuller et Brisson. Préfet de la Gironde après le 4 septembre il donna sa démission après la capitulation de Paris, voulant par là s'associer jusqu'au bout à la politique de M. Gambetta.

M. Allain-Targé échoua, dans le Maine-et-Loire. aux élections de 1871. Dans l'ancienne Chambre, il siégeait à l'Union républicaine, dont il a été un des vice-présidents; il a voté l'amnistie pleine et entière.

BAMBERGER (Edouard-Adrien) a été élu député de la 2º circonscription de Saint-Denis (Neuilly), au second tour de scrutin, par 4,893 voix, contre M. le docteur Villeneuve, dont le succès paraissait assuré. En 1871, il fut élu comme député de la Moselle. Il déposa une proposition tendant à la publication des enquêtes sur la reddition de Metz, qui eut pour conséquence la mise en jugement de Bazaine.

M. Bamberger siégeait à la gauche républicaine.

Il est né à Strasbourg, le 25 septembre 1825.

BARODET (Désiré) a été élu député du IVᵉ arrondissement, le 20 février 1876, par 8,930 voix. Il est né à Sermesse (Saône-et-Loire), le 27 juillet 1823. M. Barodet est un ancien instituteur; profondément dévoué à la République, il fut nommé maire de Lyon, après la mort de M. Hénon, mais la mairie centrale ayant été supprimée, le parti radical l'opposa, comme protestation à M. de Rémusat, au mois d'avril 1873. M. Barodet l'emporta. C'est un homme des plus modérés dont les réactionnaires ont tenté, à une époque, de faire une sorte de croquemitaine. Il siégeait à l'Union républicaine et à l'extrême gauche.

BLANC (Louis) a été, le 20 février, élu dans trois circonscriptions de la Seine, les V° et XIII° arrondissements et la 1ʳᵉ circonscription de Saint-Denis; il a opté pour le V° arrondissement.

M. Louis Blanc conquit bien vite, sous Louis-Philippe, la réputation d'un grand historien par deux ouvrages remarquables : *l'Histoire de Dix ans* et l'*Histoire de la Révolution française.*

En 1848, il représenta, dans le gouvernement provisoire, le parti socialiste, fut poursuivi pour l'affaire du 16 mai, quoiqu'il n'y eût en rien participé. M. Louis Blanc se réfugia en Angleterre, où il passa 22 ans d'exil, tout entier à ses travaux historiques et politiques.

Aux élections du 8 février 1871, il fut nommé le premier sur la liste, par 216,530 voix. A l'époque de la Commune, il fit, avec ses collègues de la Seine, les plus grands efforts, mais sans succès pour arrêter le conflit à jamais regrettable. Il fut à l'Assemblée nationale le chef du groupe des intransigeants, s'éleva dans plusieurs discours contre la création d'une seconde Chambre et les pouvoirs trop étendus que la Constitution conférait au président de la République. Dans l'ancienne Chambre, le groupe des intransigeants s'étant accru de quelques membres. M. Louis Blanc créa une nouvelle réunion parlementaire, qui prit le nom d'Extrême-gauche.

BRELAY (Eugène-Emile) a été élu député du II° arrondissement de Paris, le 20 février 1876, par 8,077 voix. Il est né à Puyraveau, le 17 décembre 1817. M. Brelay échoua aux élections complémentaires. Pendant la guerre il fut adjoint au maire du II° arrondissement; il fut également nommé, dans son arrondissement, aux élections de la Commune, mais il n'accepta pas ce mandat.

M. Brelay était inscrit à l'Union républicaine.

BRISSON (Eugène-Henri) a été élu député du X° arrondissement, le 20 février 1876, par 15,630 voix. Il est né à Bourges, le 31 juillet 1835. Il lutta vaillamment contre l'Empire dans les journaux républicains l'*Avenir*, le *Phare de la Loire*, le *Temps*, l'*Avenir national* avec M. Peyrat. En 1869, il échoua dans le IX° arrondissement contre M. Glais-Bizoin. Pendant le siége il fut adjoint au maire de Paris. Il fut élu député de la Seine, en 1871, prononça un grand nombre de discours à l'Assemblée nationale, notamment contre la nouvelle loi du jury, la loi des maires, les lois électorales politique et municipale; il fut président de l'Union républicaine. Aux élections de 1876, il l'a emporté à une très-grande majorité sur M. Dubail, républicain conservateur.

CANTAGREL (Félix) a été élu député du XIII° arrondissement, au second tour de scrutin, par 5,580 voix, en remplacement de M. Louis Blanc. Elève de Fourrier, M. Cantagrel publia, sous la monarchie de Juillet, un grand nombre de brochures phalanstériennes. Député à la Législative, il fut impliqué dans l'affaire du 13 juin 1849 et chercha un refuge en Belgique. Il rentra en France après l'amnistie de 1859 et se présenta, sans succès, aux élections de 1863 et de 1869. En 1871, il fut élu membre du conseil municipal de Paris, dont il devint un des vice-présidents.

M. Cantagrel a voté l'amnistie pleine et entière. Il appartenait au groupe de l'extrême gauche. Il est né à Amboise, le 27 juin 1810.

CASSE (Eugène-Germain) a été élu député du XIV° arrondissement, au second tour de scrutin, le

5 mars 1876, par 7,651 voix. Il fit une guerre acharnée à l'Empire dans les journaux du quartier latin et subit plusieurs condamnations pour délits de presse et délit politique. Il fut nommé à l'Assemblée nationale, le 5 octobre 1873, par les électeurs de la Guadeloupe, en remplacement de M. Rollin, démissionnaire.

M. Germain Casse était inscrit à l'Union républicaine.

CLÉMENCEAU (GEORGES-BENJAMIN) a été élu député du XVIIᵉ arrondissement, le 20 février 1876, par 15,204 voix. Il est né à Mouilleron-en-Pareds (Vendée), le 28 septembre 1841. Très-populaire dans le quartier de Montmartre, où il exerce la médecine. Il fut maire du XVIIIᵉ arrondissement, pendant le siége. Nommé député aux élections de 1871, il fit de grands efforts pour donner à l'insurrection de la Commune un dénoûment pacifique; ayant échoué dans ses tentatives il se démit de son mandat. Nommé conseiller municipal, en 1871, il en fut successivement le secrétaire, le vice-président et le président.

M. Clémenceau a été secrétaire de la dernière Chambre; il faisait partie du groupe de l'extrème gauche. Il a défendu très-éloquemment à la tribune la proposition d'amnistie pleine et entière.

DENFERT-ROCHEREAU (PHILIPPE-ARISTIDE) a été élu député de la Seine, le 20 février 1876, par 8,975 voix, contre M. Colin de Verdière, bonapartiste, et M. Acollas, intransigeant. Il est né à Saint-Maixent (Deux-Sèvres), le 11 janvier 1823. La conduite héroïque de M. le colonel Denfert, à Belfort, lui avait déjà, en 1871, mérité les suffrages des électeurs du Haut-Rhin. Il donna sa démission après la conclusion du traité de paix, mais fut élu aux élections complémentaires, de juillet, dans trois départements et opta pour la Charente-Inférieure.

Il échoua dans ce département aux élections sénatoriales du 30 janvier 1876.

M. Denfert-Rochereau était questeur de l'ancienne
Chambre et était inscrit à la gauche républicaine.

DESCHANEL (EMILE) a été élu député de la 3° circonscription de Saint-Denis (Courbevoie), au second
tour de scrutin, par 3,911 voix, contre M. Lesage,
grâce au désistement de M. Charles Quentin, qui se
retira après le premier tour. En 1850, M. Deschanel
était un des professeurs les plus brillants de l'Université quand il fut destitué par la réaction cléricale
alors toute puissante. Après le coup d'Etat de décembre, il fut jeté en prison et plus tard expulsé de
France. Rentré en France, en 1860, il se consacra tout
entier à la presse libérale et fit de nombreuses con-
férences qui obtinrent un grand succès.

M. Deschanel siégeait à la gauche républicaine.

DUPRAT (PIERRE-PASCAL) a été élu député du
XVII° arrondissement, au second tour de scrutin, le
30 avril 1876, par 6,005 voix, en remplacement de
M. Edouard Lockroy, qui avait opté pour Aix. Il est
né à Hagetmau (Landes), le 26 mars 1815. A la fin du
règne de Louis-Philippe, il prit une part active aux
banquets réformistes. Le département des Landes
l'envoya à la Constituante ; il fut réélu à la Législative où il combattit énergiquement la politique de
l'Elysée ; expulsé de France après le coup d'Etat, il
parcourut toutes les contrées de l'Europe et fit ap-
plaudir dans toutes les villes où il s'arrêtait sa parole brillante et élevée.

M. Pascal Duprat échoua aux élections du 8 février, dans les Landes, mais fut élu aux élections
complémentaires du 2 juillet. Il a joué un rôle im-
portant dans l'Assemblée nationale et dans l'ancienne Chambre ; toujours sur la brèche pour la défense des principes républicains, M. Pascal Duprat

est un des orateurs républicains les plus complets et les plus entendus dans toutes les questions de finances et d'enseignement.

Il appartenait à la gauche républicaine, dont il avait été nommé vice-président au dernier renouvellement du bureau.

FARCY (Eugène) a été élu député du XV° arrondissement, au second tour de scrutin, par 8,222 voix. Il est né à Passy, le 20 mars 1830. Au premier tour de scrutin, il eut pour concurrent M. Jobbé-Duval et M. le docteur Thullé, qui se retirèrent au scrutin de ballotage. Ancien officier de marine, il rendit pendant le siége de réels services que les électeurs récompensèrent en l'envoyant, en 1871, siéger à l'Assemblée nationale.

M. Farcy appartenait à l'Union républicaine.

FLOQUET (Charles) a été élu député du XI° arrondissement, le 20 février 1876, par 21,889 voix. Il est né à Saint-Jean-Pied-de-Port (Basses-Pyrénées), le 20 octobre 1828. En 1851, il combattit sur les barricades pour la défense de la République, et pendant toute la durée de l'Empire mit sa parole au service des journaux et des accusés républicains. Il fut compris dans le *Procès des Treize* en 1864 ; plus tard, il plaida pour la famille Noir devant la haute Cour de Bourges, chargée de juger le prince Pierre Bonaparte, et fit contre le plébiscite une campagne des plus énergiques.

Le Quatre-Septembre le nomma adjoint au maire de Paris, avec MM. Brisson et Clamageran. Elu député de la Seine, au 8 février 1871, il donna sa démission après que tous ses efforts pour amener un rapprochement entre la Commune et le Gouvernement de Versailles eurent échoué, et ss retira à Biarritz, où il fut arrêté sur un ordre de M. Ernest Picard, transmis au préfet, M. de Nadailhac. Bien qu'aucun fait n'ait pu être relevé à sa charge, il fut détenu au château de Pau jusqu'à la fin de juin 1871, ce qui le fit échouer de quelques milliers de voix aux élections complémentaires du 2 juillet.

Membre du conseil municipal en 1872, il en fut successivement vice-président et président, échoua aux élections sénatoriales, mais fut nommé à la presque unanimité aux élections législatives. M. Floquet est un de nos premiers orateurs parlementaires; il a prononcé dans l'ancienne Chambre plusieurs discours très-remarquables, notamment sur l'amnistie et sur les enterrements civils. Il a été vice-président de l'Union républicaine et appartenait en même temps à l'extrême gauche.

FREBAULT (Charles-Félix) a été élu député du VII° arrondissement, au second tour de scrutin, par 6,148 voix, grâce au désistement de M. Langlois contre M. Bartholoni, candidat bonapartiste. M. Frébault a rendu comme médecin de grands services dans le quartier du Gros-Caillou, qui l'envoya siéger au conseil municipal en 1871.

M. Frébault était inscrit à l'Union républicaine.

GAMBETTA (Léon) a été élu député du XX° arrondissement, le 20 février 1876, par 11,589 voix; il avait été nommé en même temps dans les Bouches-du-Rhône, la Gironde et le Nord, mais il opta pour la Seine. Le début oratoire et politique de M. Gambetta date du procès Baudin, dans lequel il flétrit avec autant d'énergie que d'éloquence le coupable régime issu du 2 décembre. Toujours prêt à défendre de sa parole les journaux et les accusés républicains, il conquit rapidement une popularité justement méritée, et, en 1869, fut nommé député à Marseille et à Paris. Le discours qu'il prononça contre le plébiscite révéla un orateur politique de pre-

mier ordre, et ses adversaires eux-mêmes lui ren-
dirent justice.

Nous ne nous étendrons pas (notre cadre ne nous
le permet pas) sur le rôle héroïque qu'il joua pendant la guerre ; les services qu'il rendit à la patrie
envahie sont encore dans la mémoire de tous ; il im-
prima à la défense un énergique essor, et il aurait
sauvé la France, si la France avait pu être sauvée.

Aux élections de février 1871, élu dans dix départements, il opta pour le Bas-Rhin et donna sa démission en même temps que ses collègues de l'Al-
sace-Lorraine. Aux élections complémentaires du
2 juillet, il fut élu dans la Seine, les Bouches-du-
Rhône et le Var, et opta pour la Seine. Au mois de
novembre 1871, il fonda la *République française,* dont
il est resté directeur.

Dans l'Assemblée nationale, son influence sur la
gauche alla chaque jour grandissant, et on peut dire
qu'elle fut décisive pour le vote de la Constitution.
Dans l'ancienne Chambre, le talent et l'influence de
M. Gambetta ont grandi encore, et on peut dire
qu'il a été le chef incontestable et incontesté de la
majorité républicaine. M. Gambetta a été, en 1876
et 1877, président de la commission du budget.

Il a fondé dans l'Assemblée nationale le groupe de
l'Union républicaine, dont il est demeuré le véri-
table chef.

GREPPO (Louis) a été élu député du XIIᵉ arrondissement, le 20 février 1876, par 7,314 voix. Il est
né le 8 janvier 1810, à Pouilly (Rhône). M. Greppo a
pris part à toutes les luttes de la démocratie contre
la monarchie de Juillet. Membre de la Constituante
et de la Législative, il fut arrêté après le coup
d'Etat et bientôt expulsé.

M. Greppo a été élu député à l'Assemblée nationale en 1871, et il a voté les lois constitutionnelles.

M. Greppo, dans l'ancienne Chambre, était inscrit
à l'Union républicaine.

MARMOTTAN (Henri) a été élu député du XVIe arrondissement, le 20 février 1876, par 3,899 voix. Il est né le 30 août 1832, à Valenciennes. Ancien interne des hôpitaux, M. Marmottan exerça avec succès la médecine sous l'Empire ; très-populaire dans le quartier de Passy, il fut pendant le siége adjoint du XVIe arrondissement. En 1871, il fut nommé conseiller municipal et réélu en 1874. Son rapport sur l'instruction gratuite, obligatoire et laïque fut très-remarqué.

Dans l'ancienne Chambre, M. Henri Marmottan a fait partie de plusieurs commissions importantes. Il a été vice-président de l'Union républicaine. En 1876, il l'avait emporté à une très-grande majorité sur le candidat réactionnaire, M. Dehaynin.

RASPAIL (Benjamin-François) a été élu député de la 1re circonsciption de Sceaux, le 20 février 1876, par 7,974 voix. Il est un des fils de M. Benjamin Raspail, l'intrépide lutteur, toujours sur la brèche, depuis 1830, pour le triomphe des idées démocratiques. Membre de la Législative, il fut proscrit après le coup d'Etat et se réfugia en Belgique.

M. François Raspail était inscrit à l'extrême gauche. Il a voté l'amnistie pleine et entière.

SÉE (Camille) a été élu député de la 1re circonscription de Saint-Denis, au second tour de scrutin, par 3,608 voix. Il est né à Colmar, le 10 mars 1847. Avocat au Barreau de Paris, il remplit pendant le siége les fonctions de secrétaire général au ministère de l'intérieur. Aux élections du 20 février, il se retira à Saint-Denis devant M. Louis Blanc et se représenta avec succès après l'option de ce dernier.

M. Camille Sée était secrétaire de la gauche républicaine avec laquelle il a toujours voté.

SPULLER (Eugène) a été élu député du IIIe arrondissement, au second tour de scrutin, par 12,043 voix. Il est né le 8 décembre 1835, à Seurre (Côte-d'Or). M. Spuller, inscrit au Barreau de Paris sous l'Empire, se lança bientôt dans la politique après s'être étroitement lié avec M. Gambetta, avec lequel il fonda la *Revue politique.*

Après le 4 septembre, M. Spuller suivit M. Gambetta à Tours et à Bordeaux, et devint son collaborateur le plus assidu et le plus dévoué. Quand M. Gambetta fonda la *République française* au mois de novembre 1871, il lui en confia la direction ; c'était assurer le succès du journal.

M. Spuller a été chargé, dans l'ancienne Chambre, de plusieurs rapports importants, notamment sur la réforme de l'enseignement supérieur et sur la liberté de la presse. Il appartenait à la commission du budget de 1877, et était un des membres les plus actifs de l'Union républicaine.

TALANDIER (Pierre-Alfred) a été élu député de la 2ᵉ circonscription de Sceaux (Charenton-Vincennes), au second tour de scrutin, par 6,604 voix, contre M. le docteur Béclard. Il est né le 7 septembre 1822, à Limoges. La République le nomma substitut de la République, mais il fut destitué en 1849 et proscrit après le 2 décembre. Sous la Défense nationale, il fut sous-préfet a Rochechouart et échoua aux élections de 1871.

M. Talandier a été nommé, en 1874, conseiller municipal pour le quartier Saint-Victor (Vᵉ arrondissement). M. de Cumont, de grotesque mémoire, alors ministre de l'instruction publique, l'en punit en le révoquant des fonctions de professeur de langue anglaise qu'il exerçait au lycée Henri IV.

M. Talandier a voté l'amnistie pleine et entière.

Il appartenait au groupe de l'extrême gauche.

THIERS (Louis-Adolphe) a été élu député du IXᵉ arrondissement, le 20 février 1876, par 10,399 voix,

contre M. Daguin, bonapartiste, qui n'en obtint pas
plus de 5,000. Aux élections du 30 janvier, M. Thiers
avait été nommé sénateur de Belfort, mais il opta
pour la Chambre des députés.

M. Thiers est né à Marseille, le 15 avril 1797. Après
de brillantes études, au lycée de la ville, il fit son
droit à Aix et vint ensuite à Paris où il se fit bien
vite un nom, par les articles qu'il écrivit dans les
journaux libéraux, contre la Restauration et par la
publication des premiers volumes de son Histoire de
la *Révolution française*. En 1831, il fut élu à Chambre
des députés par la ville d'Aix, qu'il représenta sans
interruption jusqu'en 1848. M. Thiers a joué pendant
toute cette époque, soit au pouvoir, soit dans l'opposition, un rôle considérable. Sous la République de
1848, il mit son talent au service des réactionnaires
de la rue de Poitiers et soutint pendant un certain
temps la politique de l'Elysée. Il est vrai qu'il ne
prévoyait pas, alors, le coup d'Etat et qu'il s'aperçut,
mais trop tard, des dangers que courait la liberté.
M. Thiers fut conduit à Mazas avec un grand nombre
de ses collègues et expulsé. En 1863, malgré toute la
pression exercée par M. de Persigny, alors ministre
de l'intérieur, il fut nommé par 11,112 voix. Au
Corps législatif, il combattit vigoureusement la politique de M. Rouher, l'administration de M. Haussmann et revendiqua les libertés nécessaires. Il fut
réélu, en 1869, contre M. Devinck et se sépara, en
1870, du ministère Ollivier, sur la question de la
guerre franco-allemande. On sait tout ce que fit
M. Thiers pour empêcher la déclaration de guerre;
malheureusement la majorité servile du Corps législatif ne voulait rien entendre.

Après le 4 septembre, il fit en Europe un voyage
infructueux pour nous chercher des alliances; le
29 janvier, il obtint de M. de Bismark un armistice
qui permit de procéder aux élections. M. Thiers fut
élu dans 26 départements et opta pour la Seine. Le
17 février, il fut nommé chef du pouvoir exécutif
avec mission de conclure la paix. On sait qu'il mena
à bien cette tâche difficile, ce qui augmenta sa po—

pularité; les monarchistes ne lui pardonnèrent point
et voyant en M. Thiers un obstacle à leur projet de
restauration, ils le renversèrent, le 24 mai, grâce à la
défection du groupe Target. Depuis cette époque,
M. Thiers n'a jamais cessé de mettre toute son activité, toute son intelligence au service de la République. Pendant l'ancienne Chambre, il a été président de la commission chargée d'examiner la
proposition de loi de M. Laisant, relative à la réduction du service militaire (1).

TIRARD (PIERRE-EMMANUEL) a été élu député du
Ier arrondissement, au second tour de scrutin, par
8,761 voix, contre M. de Plœuc, candidat réactionnaire. Il est né à Genève, de parents français, le
27 septembre 1827. Sous l'Empire, M. Tirard prit
part aux luttes de la démocratie; après le 4 septembre, il fut maire du IIe arrondissement et député
aux élections du 8 février 1871. M. Tirard essaya,
mais sans succès, d'annihiler l'influence du Comité
central; il refusa de siéger à la Commune et dut se
réfugier à Versailles, pour échapper aux poursuites
du gouvernement du 18 mars.

Dans l'ancienne Chambre, M. Tirard appartenait à
la gauche républicaine, dont il était un des membres
les plus actifs; il était membre de la commission du
budget, et il a fait un rapport très-remarquable sur
le budget des Beaux-Arts.

---

(1) Au dernier moment, nous apprenons qu'un grand malheur vient
de frapper la France : M. Thiers est mort le 3 septembre, à six heu-
res du soir, à Saint-Germain-en-Laye.

***

SEINE-INFÉRIEURE

11 députés. — 6 républicains.

DAUTRESME (Auguste-Lucien), ingénieur, conseiller général, né à Elbeuf, le 21 mai 1826.

Le 8 février 1871, il obtint 22,091 voix, et le 20 février 1876, dans la 2ᵉ circonscription de Rouen, il fut nommé par 10,117 voix.

Il faisait partie du centre gauche.

DESSEAUX (Louis-Philippe), avocat, nommé avocat général à Rouen, en 1848, puis procureur général, préfet après le 4 septembre, est né le 7 septembre 1778, à Honfleur.

Il échoua en 1863, mais il fut élu en 1869. Lors des élections sénatoriales, il fut porté sur la liste républicaine.

La 1ʳᵉ circonscription de Rouen l'a nommé, le 20 février 1876, par 10,109 voix.

Il siégeait à gauche.

LANEL (David-Vincent), ancien notaire, ancien maire, est né à Dieppe, le 23 avril 1813.

Il fut élu, le 8 février 1871, par 79,709 voix, et le 20 février 1876, dans la 1ʳᵉ circonscription de Dieppe, par 5,553 voix.

Il siégeait au centre gauche.

LE CESNE (Jules-Nicolas-Alexandre), grand armateur, président d'une commission d'armement après le 4 septembre, est né le 7 septembre 1818, à Alençon (Orne).

M. Lecesne fut élu, comme candidat de l'opposition, en 1869. Il déclina la candidature en 1871, et obtint cependant un grand nombre de suffrages. La 1re circonscription du Havre l'a nommé, au second tour de scrutin, le 5 mars 1876, par 7,332 voix.

Il siégeait à l'Union républicaine, a fait partie des commissions du budget en 1876 et 1877.

THIESSÉ (Jules-Théodore), grand propriétaire, juge au tribunal de commerce de Gournay, conseiller général. Il est né à Niort (Deux-Sèvres), le 6 décembre 1833.

Le 20 février 1876, l'arrondissement de Neufchâtel l'a nommé par 10,391 voix.

Il faisait partie du centre gauche.

WADDINGTON (Richard), grand industriel, frère de l'ex-ministre de l'instruction publique, conseiller général. Il est né à Rouen, le 20 mai 1838.

La 3e circonscription de Rouen l'a nommé, le 20 février 1876, par 11,521 voix.

Il siégeait au centre gauche. Il était président de la commission des chemins de fer.

.·.

SEINE-ET-MARNE

5 députés. — 4 républicains.

CHOISEUL-PRASLIN (Eugène-Antoine-Horace, comte de), ancien officier, conseiller général. Il est né à Paris, le 23 février 1837. Élu député en 1869, comme candidat de l'opposition, il est l'un des adversaires les plus ardents du plébiscite en 1870.

Le 8 février 1871, il était nommé par 38,298 voix, et le 20 février 1876, pour l'arrondissement de Melun, par 8,796 voix.

M. Thiers l'avait appelé, en 1871, au poste de ministre de France à Florence.

M. de Choiseul siégeait au centre gauche.

MÉNIER (Emile-Justin), grand industriel, grand propriétaire, ancien maire, membre de la chambre de commerce de Paris, conseiller général. Il est né à Paris, le 18 mai 1826. Non-seulement M. Ménier a su se faire une immense réputation dans l'industrie, mais comme écrivain politique, économique, il a su se créer un nom.

M. Ménier a refusé une candidature au Sénat.

Le 8 février 1871, il obtint, en Seine-et-Marne, 17,719 voix, et le 2 juillet de la même année, à Paris, 56,805 voix.

M. Ménier a été nommé par 11,853 voix, pour l'arrondissement de Meaux, le 20 février 1876.

Il siégeait à l'Union républicaine.

PLESSIER (Victor-François), ancien notaire, victime du 2 décembre, conseiller général. Il est né le 13 mars 1813, à Dannemarie.

L'arrondissement de Coulommiers l'a nommé, le 20 février 1876, par 6,332 voix.

Il siégeait à gauche.

SALLARD (Louis-Edmond), avocat, agriculteur, conseiller général. Il est né le 16 décembre 1827, à Paris.

L'arrondissement de Provins, au second tour de scrutin, le 5 mars 1876, l'a élu par 8,020 voix. Il a été révoqué tout récemment.

Il appartenait à la gauche.

**

SEINE-ET-OISE

9 députés. — 8 républicains.

CARREY (Pierre-Emile), publiciste distingué, ancien maire, conseiller général, Il est né le 26 septembre 1820, à Paris. M. Carrey a été appelé à remplir d'importantes missions politiques ou commerciales pour l'Etat.

L'arrondissement de Rambouillet l'a nommé, le 20 février 1876, par 8,586 voix.

Il appartenait au centre gauche.

CHARPENTIER (Théodore-Alexis), ancien maire d'Etampes, conseiller général. Il est né le 24 décembre 1812, à Etampes.

M. Feray, sénateur républicain, a recommandé sa candidature.

L'arrondissement d'Etampes l'a nommé, le 20 février 1876, par 5,188 voix.

Il siégeait au centre gauche.

JOLY (Albert-Henri), avocat distingué, envoyé en mission auprès du gouvernement de Tours pendant la guerre. Il est né à Versailles, le 10 novembre 1844.

On se rappelle que M. Albert Joly a défendu Rochefort et Rossel devant les conseils de guerre.

La 1re circonscription de Versailles l'a nommé, le 20 février 1876, par 9,433 voix.

Il faisait partie de la gauche et de l'Union républicaine. Dans la dernière Chambre, il s'est révélé grand orateur.

JOURNAULT (Louis-Geneviève-Léon), avocat, publiciste. Il est né le 23 février 1827, à Paris. Lors du coup d'Etat, il s'est mis à la disposition du comité de résistance organisé par notre poëte, Victor Hugo. Après le 4 septembre, il était maire de Sèvres et rendit d'éminents services.

Le 8 février 1871, il fut élu par 19,444 voix, et le 20 février 1876, par 5,078, pour la 2e circonscription de Versailles.

M. Léon Journault siégeait à la gauche républicaine, dont il était secrétaire.

LANGLOIS (Amédée-Jérome), officier de marine, publiciste, condamné à la déportation par la haute cour de Versailles, commandant du 116e bataillon de la garde nationale pendant la guerre. Il est né le 7 janvier 1819, à Paris.

M. Langlois est l'un des vétérans de la démocratie. Il a été élu, le 8 février 1871, pour la Seine, par 95,751 voix, et pour la 2ᵉ circonscription de Pontoise, le 5 mars 1876, par 5,628 voix.

Il siégeait à la gauche républicaine.

LEBAUDY (Jean-Gustave), riche industriel, membre de la chambre de commerce de Paris, est né le 26 février 1827, à Paris.

L'arrondissement de Mantes l'a nommé, au second tour de scrutin, le 5 mars 1876, par 7,217 voix.

Il a été nommé comme constitutionnel contre M. Hèvre, républicain, mais depuis les élections il s'est sincèrement rallié à la République.

RAMEAU (Charles-Victor-Chevrey), descendant du célèbre compositeur, avocat, ancien avoué. Il est né à Paris, le 26 janvier 1809.

Nommé maire à Versailles, après le 4 septembre, on sait les éminents services qu'il a été appelé à rendre pendant l'occupation allemande.

C'est pour avoir soutenu les intérêts de ses administrés que les Prussiens le firent enfermer pendant quelque temps.

Le 8 février 1871, il fut élu par 39,528 voix, et le 20 février 1876, pour la 3ᵉ circonscription de Versailles, par 6,357 voix.

M. Rameau, qui a été nommé le troisième vice-président de la Chambre, siégeait à la gauche républicaine.

RENAULT (Léon-Charles), avocat, défenseur de l'un des inculpés dans l'affaire Miot, Greppo, en 1862, est né à Maisons-Alfort, le 24 septembre 1839.

M. Cresson, après le 4 octobre, le prit pour secrétaire

général à la préfecture de police. Le 17 novembre 1871, il fut nommé préfet de police, poste dans lequel il fit preuve d'une remarquable habileté, surtout lorsqu'il s'agit de faire connaître les agissements du parti bonapartiste. M. Buffet ne put lui pardonner d'avoir si bien révélé les faits et gestes des amis de l'Empire, et M. Léon Renault s'empressa de donner sa démission.

Le 20 juin 1876, l'arrondissement de Corbeil l'a élu par 10,161 voix.

Nous devons rappeler que dans un discours récent, M. Léon Renault a déclaré se rallier fermement à la République.

Il siégeait au centre gauche, dont il était vice-prédent en 1876.

* *

SÈVRES (Deux-)

5 députés. — 2 républicains.

GIRAUD (Henri) a été élu député de l'arrondissement de Melle, le 21 mai 1876, par 10,448 voix. Il est né à la Roche-sur-Yon, le 22 mai 1814. Avocat à Niort, maire de cette ville en 1848, il donna sa démission au 2 décembre.

M. Giraud l'avait emporté, au 20 février, avec 1,200 voix de majorité, sur M. Aymé de la Chevrelière, mais la Chambre avait invalidé son élection.

M. Giraud était inscrit au centre gauche.

PROUST (Antonin) a été élu député de la 1re circonscription de Niort, le 20 février 1876, par 7,529 voix. Il est né le 15 mars 1832, à Niort. Il combattit l'Empire dans un grand nombre d'articles, mais échoua aux élections en 1869, à Niort, contre le candidat officiel. Après le 4 septembre, d'abord secrétaire de M. Gambetta, il resta, après son départ, auprès de M. Jules Favre.

M. Antonin Proust a pris plusieurs fois la parole dans les questions de politique extérieure, et il a pris l'initiative de la création d'un bureau de la presse étrangère. A la fin de 1876, M. Proust a cessé de collaborer à la *République française*.

Il était inscrit à la gauche et à l'Union républicaine.

SOMME

8 députés. — 6 républicains.

BARNI (Jules-Romain) a été élu député de la 1re circonscription d'Amiens, le 20 février 1876, par 11,099 voix. Il est né le 30 mai 1818, à Lille. Professeur de philosophie à Rouen, à l'époque du coup d'Etat, il donna sa démission au 2 décembre, et se refugia en Prusse, où il fit des cours qui obtinrent un grand succès. Il fut nommé à l'Assemblée nationale le 9 juin 1872, contre M. Cornuau, le candidat bonapartiste; aux élections de 1876, il l'a emporté sur M. de Fourment.

M. Barni appartenait à l'Union républicaine. Dans l'ancienne Chambre, il a été président de la commission chargée de préparer la révision de la loi sur l'enseignement supérieur; mais, pendant les derniers mois, son état de santé ne lui permettait plus d'assister aux séances de la Chambre.

DOUVILLE-MAILLEFEU (Gaston, comte de) a été élu député de la 2e circonscription d'Abbeville, le 20 février 1876, par 7,719 voix. Il est né le 7 août 1835, à Paris. Ancien officier de marine, il rendit de grands services pendant le siége de Paris. En 1871, il fut réélu au conseil général de la Somme, et aux élections de 1876, il l'emporta sur M. de Rainvillers, réactionnaire. La droite attaqua l'élection de M. de Douville, sous le prétexte qu'il avait été condamné à deux ans de prison, le 31 août 1870, pour avoir souffleté le sous-préfet d'Abbeville. Grâce à l'intervention de M. Gambetta, l'élection fut validée.

M. de Douville était inscrit à l'Union républicaine et à l'extrême gauche. Il est directeur du *Progrès de la Somme.*

JAMETEL (Gustave-Louis) a été élu député de Montdidier, le 20 février 1876, par 8,737 voix. Il est né à Paris, le 28 mai 1821.

M. Jametel a été pendant dix ans agréé au tribunal de commerce de Paris, et il est venu s'établir dans la Somme après s'être retiré des affaires. Il est maire de Maresmontiers et président du conseil général.

Il siégeait au centre gauche.

LABITTE (Porphyre) a été élu député de la 1re circonscription d'Abbeville, le 20 février 1876, par 8,804 voix. Il est né le 19 février 1823, à Abbeville. M. Labitte est un de nos savants les plus distingués; il a collaboré à différents dictionnaires et revues de sciences, au *Journal de l'Instruction publique* et à la *Revue de Paris.*

M. Labitte est membre du conseil général de la Somme. Il échoua aux élections sénatoriales, mais l'emporta, avec plus de 2,000 voix de majorité, le 20 février, sur M. Courbet-Soulard, député sortant.

Il siégeait au centre gauche.

MAGNIEZ (Victor-Henri-Emile) a été élu député de la 2º circonscription de Péronne, le 20 février 1876, par 8,121 voix. Il est né le 9 septembre 1835, à Ytrès. Fils et petit-fils de député, M. Magniez est depuis 1864 membre du conseil général. Il a fait partie de l'Assemblée nationale, et aux dernières élections, l'a emporté sur M. Jolibois fils, candidat bonapartiste.

Il a toujours voté avec le centre gauche.

MOLLIEN (Charles) a été élu député de la 1ʳᵉ circonscription de Péronne, le 20 février 1876, contre M. Vasiet, réactionnaire, par 5,905 voix. Il est né le 4 août 1835, à Boves.

M. Mollien est un chirurgien des plus distingués, et pendant la guerre il a rendu de grands services aux armées de la Loire et de l'Est.

M. Mollien était inscrit à la gauche.

* *
*

TARN

5 députés. — 3 républicains.

CAVALIÉ (Louis-Henri) a été député de l'arrondissement d'Albi, le 20 février 1876, par 11,126 voix, contre le baron Gorsse, ancien candidat officiel sous l'Empire.

M. Cavalié est membre du conseil général du Tarn ; maire d'Albi depuis 1871, il fut révoqué après le 24 mai.

Il était inscrit à la gauche et à l'Union républicaine.

LAVERGNE (Bernard) a été élu député de Gaillac, le 20 février 1876, par 10,324 voix, contre M. de Gelis, réactionnaire. Il est né le 11 juin 1815, à Monttredon. Médecin des plus distingués, très-populaire dans son pays, M. Bernard Lavergne fut élu à la Législative, où il combattit la politique de l'Elysée ; sous l'Empire, il continua la lutte et publia dans la *Gironde* et dans le *Temps* des articles qui furent remarqués.

M. Bernard Lavergne a fait partie de plusieurs commissions importantes ; il a été souvent président de son bureau.

Il était inscrit au centre gauche et à la gauche républicaine, et a fait partie du comité de direction de ce dernier groupe.

MARTY (Bernard-Gabriel) a été élu député de Lavaur, au second tour de scrutin, par 4,984 voix. Il est né le 28 décembre 1830, à Lavaur. Il l'a emporté au scrutin de ballotage sur M. Daguilhon-Lasselve, orléaniste, et sur M. Daguilhon-Pujol, bonapartiste. M. Marty est avocat à Lavaur.

Il était inscrit à la gauche républicaine.

TARN-ET-GARONNE

4 députés. — 2 républicains.

CHABRIÉ (Pierre) a été élu député de Moissac, au second tour de scrutin, par 7,477 voix, contre M. Brassier, bonapartiste. Il est né à Campagnac (Aveyron), le 13 février 1823. Pendant toute la durée de l'Empire, il l'emporta au conseil général contre le candidat officiel, mais il échoua aux élections de 1863 et de 1869, avec des minorités respectables. Il a été réélu au conseil général en 1871 et révoqué des fonctions de maire de Moissac, après le 24 mai.

M. Chabrié était inscrit à la gauche républicaine.

LASSERRE (Joseph) a été élu député de Castel-Sarrasin, le 2) février 1876, par 9,643 voix. Il est né à Toulouse, le 23 mai 1836.

M. Lasserre est membre du conseil général ; il eut pour adversaire M. Buffet, sur lequel il l'emporta, malgré tous les efforts de la pression administrative.

M. Lasserre était inscrit au centre gauche.

***

VAR

4 députés. — 4 républicains.

ALLÈGRE (Vincent-Gaetan) a été élu député de la 2º circonscription de Toulon, au second tour de scrutin, par 7,361 voix, contre M. Joubert, légitimiste, grâce au désistement de M. Long. Il est né le 7 août 1835, à Six-Fours.

M. Allègre est avocat à Toulon et membre du conseil général du Var; maire Toulon depuis le 4 septembre, il a été révoqué au 24 mai.

M. Allègre était inscrit à l'Union républicaine.

COTTE (Paul) a été élu député de Draguignan, le 20 février 1876, par 12,305 voix, contre M. Emile Ollivier, qui ne réunit pas plus de quatre mille voix. Il est né le 10 janvier 1825, à Salernes. Ancien proscrit de décembre, M. Paul Cotte est un des chefs du parti démocratique dans le Var, qu'il administra après le 4 septembre. M. Cotte fut envoyé à l'Assemblée nationale en 1872.

Il était inscrit à la gauche républicaine.

DAUMAS (Augustin-Honoré) a été élu député de la 1re circonscription de Toulon, le 20 février 1876, par 6,498 voix. Il est né le 25 mai 1826, à Toulon. Impliqué, en 1851, dans le procès de Lyon, M. Daumas fut condamné à dix ans de détention, qu'il passa dans les casemates de Belle-Isle et du Mont-Saint-Michel.. M. Daumas a fait partie de l'Assemblée nationale, et s'est abstenu dans le vote des lois constitutionnelles.

M. Daumas appartenait à l'extrême gauche.

'DRÉO (PROSPER-MARIE) a été élu député de Brignoles, le 20 février 1876, par 9,737 voix. Il est né à Rennes, le 7 septembre 1829. Avocat au Barreau de Paris, il lutta vaillamment contre l'Empire et fut condamné dans le procès des Treize. Après le 4 septembre, il fut l'un des secrétaires du gouvernement. M. Dréo a fait partie de l'Assemblée nationale, et pendant les vacances de 1875, il a lutté dans le Var par de nombreux discours contre M. Alfred qui était venu faire une campagne en faveur de la politique intransigeante.

M. Dréo était inscrit à la gauche à l'Union républicaine dont il était questeur.

VAUCLUSE

4 députés. — 4 républicains.

GENT (ALPHONSE) a été élu député d'Orange, le 20 février 1876, par 9,436 voix. Il est né le 27 septembre 1813, à Roquemaure (Var). Son dévouement absolu aux principes démocratiques, pour la défense desquels il n'a jamais cessé de lutter, le désignaient, en 1848, au choix du gouvernement, et il fut nommé commissaire du gouvernement. Il a fait partie de la Constituante, mais n'a pas été réélu à la Législative.

M. Gent, plus clairvoyant qu'un trop grand nombre de républicains, avait prévu le coup d'Etat et s'occupait d'organiser la résistance dans le Midi, quand il fut arrêté et condamné le 28 août 1851, par un conseil de guerre, à Lyon, à la transportation, et fut envoyé à Noukahiva. Rentré en France après l'amnistie, M. Gent se présenta sans succès aux élections législatives, en 1869. Après le 4 septembre, il fut envoyé à Marseille pour remplacer M. Esquiros, et donna sa démission après l'armistice.

M. Gent a été élu à l'Assemblée nationale le 2 juillet 1871 ; il avait été nommé le 8 février, mais avait, ainsi que ses collègues, donné sa démission, à la suite de l'enquête réclamée par la majorité réactionnaire.

M. Gent était inscrit à l'Union républicaine, dont il a été président.

NAQUET (ALFRED) a été élu député d'Apt, au second tour de scrutin, par 7,318 voix, contre M. Sylvestre, réactionnaire, après le désistement de M. Taxile Delord. Il est né le 6 octobre 1834, à Carpentras. Professeur à la Faculté de médecine de Paris, M. Naquet s'est fait connaître, sous l'Empire, par des travaux remarquables sur la chimie, et par un ouvrage intitulé : *Religion, Propriété, Famille*, qui lui valut quatre mois de prison.

Député à l'Assemblée nationale, il soutint la candidature de M. Barodet dans les réunions, et plus tard celle de M. Ledru-Rollin. Au mois de septembre 1875, bien qu'il eût voté la Constitution, il se sépara de l'Union républicaine et de la politique de M. Gambetta, et forma, avec MM. Louis Blanc, Madier de Montjau et quelques autres députés, un petit groupe d'intransigeants. Il formula cette politique dans un programme que publia l'*Evénement*.

Aux élections de 1876, il posa se candidature à

Marseille contre M. Gambetta, mais il n'obtint que 1,959 voix contre 6,357 données à M. Gambetta.

POUJADE (LOUIS-CYPRIEN) a été élu député de Carpentras, au second tour de scrutin, contre M, Barcillon, légitimiste, par 7,251 voix. Il est né le 28 juillet 1823, à Canet (Aveyron).

M. Poujade est président du conseil général; maire de Carpentras, il a été révoqué tout récemment par le cabinet du 16 mai. Après le 4 septembre, il fut nommé préfet de Vaucluse. M. Poujade est un médecin distingué, et il jouit dans son arrondissement d'une considération justement méritée.

Il était inscrit à l'Union républicaine.

SAINT-MARTIN (CHARLES) a été élu député d'Avignon, le 22 avril 1877, en remplacement de M. du Demaine, dont l'élection avait été invalidée, après une enquête dirigée par M. Brisson. M. Saint-Martin n'a été élu qu'au second tour, après le désistement de M. Eugène Raspail. Très-lié avec M. Alfred Naquet, il a collaboré au journal *la Révolution,* qui n'a eu qu'une durée éphémère, et il appartenait au groupe des intransigeants.

* * *

VENDÉE

6 députés. — 3 républicains.

BEAUSSIRE (EMILE) a été élu député de la 2º circonscription de Fontenay-le-Comte, au second tour de scrutin par 8,544 voix, contre M. Pugliesy-Conti, bonapartiste. Il est né le 26 mai 1824, à Luçon. M. Beaussire est un des élèves les plus brillants de l'Université, et ses leçons de philosophie, au collége Rollin et au lycée Charlemagne, ont été très-remarquées.

Membre de l'Assemblée nationale, il a pris la parole dans différentes questions relatives à l'enseignement, et a combattu avec beaucoup d'énergie, contre M. Dupanloup, la loi sur la liberté de l'enseignement supérieur.

M. Beaussire était inscrit au centre gauche.

BIENVENU (Léon) a été élu député de la 1re circonscription de Fontenay-le-Comte, le 20 février 1876, par 9,335 voix, contre M. de Fontaine, légitimiste. Il est grand propriétaire dans le pays et membre du conseil général de la Vendée.

M. Bienvenu siégeait au centre gauche.

GENTY (Charles) a été élu député de la 1re circonscription de la Roche-sur-Yon, par 8,391 voix, contre M. de Puyberneau, légitimiste. Il est né le 14 novembre 1827, à Sacy-en-Brie (Seine-et-Oise). Ingénieur du plus grand mérite, M. Genty est à la tête des chemins de fer de la Vendée et intéressé dans un grand nombre de sociétés financières. Il a dirigé la *France*, de 1869 à 1875 ; il est, avec M. de Girardin, un des propriétaires du *Petit Journal*, dont la politique, constamment républicaine, a rendu les plus réels services.

M. Genty est sincèrement rallié à la République. Il était inscrit au centre gauche avec lequel il a toujours voté.

*
* *

VIENNE

6 députés. — 2 républicains.

HÉRAULT (Réné-Alfred) a été élu député de Châtellerault, le 20 février 1876, par 7,350 voix, contre M. Treuille, bonapartiste. Il est né le 27 août 1837, à Châtellerault. Il est membre du conseil municipal de la ville et conseiller général. Aux élections de 1869, il échoua contre M. de Beauchamp, beau-frère de M. de Soubeyran, et candidat officiel.

M. Hérault siégeait au centre gauche.

SALOMON (Henri) a été élu député de la 1ʳᵉ circonscription de Poitiers, le 20 février 1876, par 5,992 voix, contre M. Ernoul, l'ancien ministre du 24 mai. Il est né à Massignac (Charente), le 21 mars 1831. M. Salomon est avoué à la Cour de Poitiers, membre du conseil municipal de la ville et conseiller d'arrondissement. Il était inscrit au centre gauche.

*
* *

VIENNE (Haute-)

5 députés. — 5 républicains.

BAURY (Antoine) a été élu député de Saint-Yrieux, le 20 février 1876, par 3,938 voix, contre deux réac-

tionnaires, M. Saint-Marc Girardin, orléaniste,
et M. Pisani-Jourdan, bonapartiste. M. Baury, était
magistrat sous l'Empire, mais il a toujours conservé
son indépendance et, en 1863, il combattit la candidature officielle de M. Calley de Saint-Paul.

M. Baury appartenait à la gauche républicaine.

CODET (PAUL-EMILE) a été élu député de Rochechouart, au second tour de scrutin, par 5,083 voix,
contre M. Legaud, ancien sous-préfet de l'Empire. Il
est né à Saint-Junien, le 7 avril 1821. M. Codet est un
riche industriel dont les opinions fermement républicaines ne se sont jamais démenties ; il échoua aux
élections de 1871 ; maire de Saint-Junien, il fut révoqué après le 24 mai.

Tout récemment, M. Codet, ayant échoué aux élections pour le conseil général, déclara, avec un sentiment de délicatesse qui l'honore, qu'il ne se repré-
senterait pas aux élections prochaines ; les marques
de sympathie qui lui sont venues de tous côtés, l'ont
fait revenir sur cette résolution.

M. Codet était inscrit à l'Union républicaine.

LAVIGNIÈRE (THÉODORE) a été élu député de Bellac, au second tour de scrutin, par 7,746 voix, contre
M. de Bouville, ancien préfet de l'Empire. Il est né
le 30 avril 1836, à Saint-Bonnet. Avocat à Bellac, de
1830 à 1848, il fut nommé à cette époque procureur
de la République, mais donna sa démission, en 1850,
pour ne pas servir la réaction toute puissante.
Nommé sous-préfet après le 4 septembre, il fut mis
en disponibilité par M. de Goulard.

M. Lavignière appartenait à la gauche républicaine.

NINARD (JEAN-BAPTISTE) a été élu député de la
2e circonscription de Limoges, le 20 février 1876, par
9,295 voix. Il est né le 11 mars 1826, à Bourganeuf

(Creuse). Avocat distingué du Barreau de Limoges il fut quatre fois bâtonnier; il est vice-président du conseil général.

M. Ninard échoua, en 1872, contre M. Charreyron, candidat réactionnaire, mais il l'emporta, en 1876, sur MM. Chauffour, bonapartiste, et Mallevergne, membre du centre droit à l'Assemblée nationale.

M. Ninard appartenait à la gauche républicaine.

PERIN (GEORGES) a été élu député de la 1ʳᵉ circonscription de Limoges, le 20 février 1876, par 9,132 voix, contre M. Muret de Bort qui n'a obtenu qu'un nombre de voix dérisoire. Il est né à Arras, le 1ᵉʳ juillet 1838. M. Georges Perin, prit part aux luttes de la presse républicaine contre l'Empire; il collabora à la *Cloche* et fut rédacteur en chef du journal républicain de Limoges. Après le 4 septembre il fut successivement préfet de la Haute-Vienne et commissaire extraordinaire au camp de Toulouse.

M. Georges Perin a toujours été sur la brèche pour rappeler au sentiment des convenances les énergumènes bonapartistes et il a eu, sur le terrain, plus d'une affaire avec les représentants de ce parti. Il échoua aux élections de 1871, mais fut élu le 11 mai 1873, en remplacement de M. Saint-Marc Girardin père, décédé.

M. Georges Perin faisait partie, dans l'ancienne Chambre, du groupe de l'extrême gauche.

***

VOSGES

5 députés. — 5 républicains.

BRESSON (Edouard-Victor) a été élu député de Mirecourt, contre M. Buffet, alors ministre de l'intérieur, le 20 février 1876, par 8,611 voix, avec plus de 1,500 voix de majorité, malgré la pression exercée par l'administration en faveur de M. Buffet. M. Bresson est né à Darney, le 27 juin 1826. C'est un des plus riches industriels du département; il est membre du conseil général.

M. Bresson siégeait au centre gauche.

FERRY (Jules) a été élu député de Saint-Dié, le 20 février 1876, par 11,739 voix. Il est né dans cette ville, le 5 avril 1832. Après avoir été lauréat de la Conférence des avocats, il parut abandonner le Barreau pour la politique militante, donna au *Temps* des articles remarquables sur les procédés financiers de M. Haussmann, qu'il réunit plus tard en brochure, sous le titre de *Comptes fantastiques d'Haussmann*. Il fut condamné dans le procès des Treize. Elu en 1869 dans le VIᵉ arrondissement, contre MM. Cochin et Guéroult, il fut, au Corps législatif, un des principaux orateurs de la gauche. Il fit partie du gouvernement de la Défense, et délégué par ses collègues à la mairie de Paris, après la retraite de M. Etienne Arago. M. Thiers le nomma, le 12 mai 1872, à l'ambassade de Grèce, et il occupa ces fonctions jusqu'au 24 mai. Dans l'Assemblée nationale, où il vint alors reprendre sa place, il prit une part importante à toutes les discussions et aux négociations des groupes, lors du vote de la Constitution, et plus tard pour l'élection des sénateurs inamovibles.

M. Jules Ferry a été président de la gauche républicaine, dont il est un des membres les plus influents. Il a été rapporteur du projet de loi sur l'organisation municipale.

JEANMAIRE (Eugène) a été élu député d'Epinal, le 20 février 1876, par 12,809 voix, contre M. de Ravinel, l'ami et le protégé de M. Buffet. Il est né le 17 juillet 1808, à Épinal.

M. Jeanmaire occupe une grande situation à Epinal, dont il a été maire en 1848.

Il était inscrit à la gauche républicaine.

MELINE (Félix-Jules) a été élu député de Remiremont, le 20 février 1876, par 8,071 voix. Il est né dans cette ville, le 20 mai 1838. Avocat à Paris, il collabora, sous l'Empire, aux journaux du quartier latin, et fut nommé, après le 4 septembre, adjoint au maire du Ier arrondissement. Il fut nommé membre de la Commune, mais donna presque aussitôt sa démission. En 1872, il fut élu à l'Assemblée nationale par le département des Vosges, en remplacement de M. Steinheil, démissionnaire. M. Méline a été, sous le ministère de MM. Jules Simon-Martel, sous-secrétaire d'Etat au ministère de la justice.

Il appartenait à la gauche républicaine.

PONTLEVOY (Paul-Marie de) a été élu député de Neufchateau, au second tour de scrutin, par 8,354 voix, contre M. Aymé, ancien député de l'Empire. M. Contaux, candidat républicain, s'était désisté en sa faveur.

M. de Pontlevoy, chef de bataillon du génie en retraite, a rendu de grands services pendant la guerre;
il était alors placé sous les ordres directs de MM. Gambetta et de Freycinet.

Il était inscrit à la gauche et à l'Union républicaine.

YONNE

6 députés. — 4 républicains.

BERT (PAUL) a été élu député de la 2e circonscription d'Auxerre, le 20 février 1876, par 8,466 voix,
contre M. Charest, candidat réactionnaire. Il est né à
Auxerre, le 19 octobre 1833.

M. Paul Bert est un savant du plus grand mérite;
il est professeur à la Faculté des Sciences. Il succéda
sous le gouvernement de la Défense à M. Pierre Legrand, préfet démissionnaire du Nord. Élu à l'Assemblée nationale, le 19 juin 1872, en remplacement de
M. Javal, décédé, il prit la parole dans toutes les discussions relatives à l'enseignement; dans l'ancienne
Chambre il a été président de la commission chargée
de l'examen de la proposition relative à la révision
de la loi sur l'enseignement supérieur.

M. Paul Bert était inscrit à l'Union républicaine.

DETHOU (ALEXANDRE-RÉNÉ) a été élu député de
Joigny, le 20 février 1876, par 14,508 voix, contre

le baron de Brancart, réactionnaire. Il est né le 18 avril 1819, à Bléneau. Républicain de vieille date, il a combattu, depuis 1840, dans les rangs de la démocratie; proscrit après le coup d'Etat, il ne rentra en France qu'en 1859, après avoir voyagé en Belgique, en Espagne, en Italie, en Suisse.

M. Dethou était inscrit à l'Union républicaine.

GUICHARD (Victor) a été élu député de Sens, le 20 février 1876, par 11,193 voix, contre M. Raudot, député sortant réactionnaire. Il est né le 18 août 1803, à Paris.

M. Guichard est un républicain éprouvé, très-entendu dans toutes les questions financières et religieuses; il a fait partie de la Constituante de 1848 et de l'Assemblée nationale de 1871. Il jouissait dans la dernière Chambre d'une autorité justement méritée par son talent et ses services; il a été à plusieurs reprises président de son bureau; il a été rapporteur du budget des cultes et président de la commission des comptes de la guerre de 1870.

M. Guichard a été vice-président du budget et vice-président de la gauche républicaine.

LEPÈRE (Edme-Charles-Philippe) a été élu député de la 1re circonscription d'Auxerre, le 20 février 1876, par 9,633 voix. Il n'a pas eu de concurrent.

M. Lepère est un orateur de premier ordre, il s'est fait une grande situation dans l'Assemblée nationale et dans l'ancienne Chambre; sa parole incisive et toujours prête à la riposte, a porté les plus rudes coups aux différents ministères de combat.

M. Lepère a fait partie de la commission du budget de 1876. Il est président du conseil général de l'Yonne et a été à plusieurs reprises président de l'Union républicaine.

TABLE

Paris. — Imp. Duval, rue d'Arcet, 26.